日本
沖繩&
九州

協力車環中國海紀行

Vicky & Pinky

亞洲慢慢走

作者 江心靜　攝影 林存青

名家推薦

從認識存青和心靜她們就在騎單車了。這些年，簡直已經分不清楚她們到過哪些地方，沒到過哪些地方了。

那時她們很年輕，但經歷了那麼多風塵僕僕之後，她們變得更年輕。這很神奇，感覺上，她們環遊過的那些不是空間，而是時間。

她們像是兩尾逆著時光往上游的魚……

侯文詠（作家）

這是勇氣、智慧和探索的動人紀錄。

有時候我們像讀著當代版「石頭湯」故事：到了夜晚，她倆兒將腳踏車推到異地陌生人家門口，輕敲門扉問道：

「我倆帶有帳篷，請問可以借你們家對面的那塊空地露營嗎？」

「露營？啊，太危險了！」

隨著就熱心邀請這兩個女孩進屋，食物、湯浴以及各種溫情的關懷，彼此交融起來，無遠弗屆。

雷驤（作家）

存青和心靜創意連連，環球旅行方式隨歲月增長、環境不同而調整改變，從而使我們能一再閱讀到她們冒險、精采、有趣的作品。

每段旅途對她們來說是寶貴的經驗，對讀者來說是雋永的啓發。

夏祖麗・張至璋（旅澳作家）

存青和心靜與單車如同漫遊的苦行智者，在揮汗與輪轉的時空間中，擷採生命的浮光掠影，信手捻來，多的是一種坦然與自得。

王志宏（經典雜誌總編輯）

協力車踩進二戰後的歷史場景，閱讀如此迷人的旅程，小摺、登山車、公路車……要快跟上！

陳懷恩（電影「練習曲」導演）

與存青和心靜相識多年，青年壯遊的精神在她們身上展露無遺，每一趟旅行都是"**Let's be friends**"友誼鍊的串連！這本書不只是協力車壯遊的感動故事，更分享了歷史角度的探索，呈現出一種旅遊新觀點，值得細細閱讀……

王育群（青輔會第四處處長）

「人生短暫，不能等待；實現理想，無法取代」。尤其是旅行中的驚喜，絕對要「快快的」去體驗，「慢慢的」來享受！

戴勝益（王品集團董事長）

熟識多年，我總是像一陣旋風般的造訪存青和心靜，但離開時，風速減慢了，連說話的速度都變得緩和。

因此，當她們騎著協力車朝亞洲展開新旅程時，我已經開始期待她們用特有的哲學所帶回的點點滴滴。

陳怡安（奧運跆拳道金牌選手、手工香皂達人）

存青和心靜的壯舉對正在摸索志向的年輕人來說，一定會增加多一分自信。而她們兩位對東亞人民之間複雜情感關係的觀察力，並不弱於許多學者。這本大作在東亞各地問世，也有助於糾正人們對臺灣人民「親日觀」的片面理解。

林泉忠（琉球大學國際關係學系準教授）

看了本書關於琉球的部分，很驚艷這本書在休閒之外，也有著歷史的密度與重量，亞洲慢慢來，我們也慢慢經由旅行治療歷史創傷。

林芳玫（師大台灣文化及語言文學研究所教授）

拜讀了書稿，感覺誠如心靜所說，不知這本書該如何分類，表面雖是遊記，但裡頭卻有更大的企圖，一種對生命的關注、對族群的尊重以及對歷史的包容，在碰觸與反思間，給了眞誠面對的空間。

王志榮（Moxa心源教育基金會執行董事）

讀完心靜的親身觀察與分析後，很同意她在前言中所說的一句話，「這是一本不知道要如何歸類的書。」這不是單純遊記，因爲裡面存在著大量的文獻與史料，更不是作者旅途中抒發心情的隨筆，因爲它隱含心靜深刻的人文精神，對於不同史觀的反思，以及對「人與人」之間溫厚的關懷與堅持。

其實，硬要爲這本書分類沒有意義，因爲一本眞正能打動人心的作品，並不需要特定形式，而是要讓讀者身歷其境，觸動內心深處。不同的人有不一樣的夢想，但多閱讀別人的故事（尤其是跨文化和跨領域的），有助於我們的視野與思想。

陳如音（香港珠海書院歷史所博士研究生）

存青總是在演講中帶動現場所有聽者一股正面的力量，「勇敢的走出去接觸這世界上的所有人吧！」其實旅行不可能沒有遇到險惡，除了存青很敏感極懂得趨吉避凶，更重要的是，她有一股將困難轉化爲能量的神奇特質。

看心靜的文章，則比存青的鼓動人心更顯清涼，更慢悠悠的，還有點神遊的興味，博學的她總是輕易地將旅行的當下與古往今來的故事穿插起來，深刻自然又豐富。在書上體驗心靜的旅行，慢慢的也會在心中燃起一股如存青帶給我們的力量，「勇敢的走出去接觸這世界上的所有人吧！」

王玉萍（O'rip雙月刊主編，生活旅人工作室負責人）

綜合多年在大學EMBA教授「文化創意」課程的經驗，爲了讓學生的工作和生活多采多姿，霞客提出一個在終生學習概念下的SMBA概念：

S：Sightseeing有深度的文化旅遊

M：Music讓優美音樂洗滌疲憊身心

B：Books多閱讀「企管或金錢遊戲」以外的書

A：Arts多欣賞文化藝術

看完本書才赫然領悟，原來存青和心靜早已親身實踐SMBA的生活了。

因此，推薦本書給所有忙碌的現代人，爲了自己、爲了家人更好的生活品質，開始實踐自己Slow MBA的生活吧！

城市霞客　**邱天元**（政治大學企管系EMBA文化創意班講師）

目次

琉球之歌 068
海人之島 086
海洋夢世紀 096
一生感動一生青春 100
協力車的極限 108
一期一會 114
花火大會 122

Part 2 屋久島

繩文杉的召喚 138
旅人的身影 148
我的「第一次」 154

Part 3 九州

後記

Vicky&Pinky

踩踏的人生

——推薦序——

兩年前，因爲台灣朋友陳志剛先生的介紹，認識了存青和心靜。

在台北三峽初次見面，知道她們即將到沖繩，展開協力車環中國海之旅，我提到住宿問題，心靜說：「我們有獨立能力，不用擔心，反正我們有帳篷。」存青說：「其實，我很想在東南植物樂園露營。」後來在那霸碰面，我把她們從碼頭接到我家，提供房間和浴室，展開一段奇妙的交會。

一開始，我以爲她們是那種只要有睡袋，在任何地方都可以適應的長途旅行者，想必在家是過著差強人意的簡陋生活，然而，後來兩次到台灣造訪，出乎我意料之外，她們生活在優雅而充滿藝術氣息的空間，用心地將旅行中學到的生活美學，淋漓盡致發揮在日常生活之中，動靜皆可的彈性，讓人嘆爲觀止。

在我的印象中，充滿活力的存青很少有靜下來的時候，但是，有一次，我的身體很不舒服，存青卻一言不發，默默地爲我按摩，努力減輕我的不適，在她身上，我看到一個拚命幫助他人的純樸靈魂。

而心靜是才華洋溢的作家，說話帶著一種節奏，就像踩著單車的踏板，不疾不徐，按著自己人生的節奏前進，我的英文名字也是Vicky，但是，回顧人生轉折，我和心靜屬於同類的人。

雖然她們兩位的年紀小我一輪以上，但是，她們倆踩著踏板所走出的人生深度應該在我之上吧。

大林千乃 Vicky Obayashi

二〇〇九年三月十二日於沖繩東南植物樂園

與人相遇的旅程

——推薦序——

她們的單車之旅，也是一段與人相遇的旅程。
在讀著這本書的同時，就像跟著兩人一起旅行，與當地的人們接觸一樣。
並不只是踩著踏板欣賞沿途的風光美麗，也自然地與在地人交流。
兩人與在地人們的交流後，
描寫出來的沖繩和九州，流動著溫暖的氣息，是任何旅遊書裡難以見到的。
也可以在字裡行間，感受到她們對旅行地的重視。
存青、心靜，謝謝兩位愛著沖繩。
希望存青和心靜繼續踩著單車，
並祝福兩位今後能和更多溫暖的人以及美麗的景色相遇。

二〇〇九年七月二十八日
沖繩觀光會議局
台北事務所　**上地晶子**

一期一會的相遇

「萍水相逢，往往在第一眼，就註定了彼此的緣分。」

不記得是去年的哪一天，我的行動電話響起。接通後，對方傳來爽朗聲音，親切地問候：「你好！李大哥，我是沖繩東南植物園大林小姐的朋友存青啊……」幾分鐘寒暄，就和她們倆結下了不解的緣分。正巧在當時，我也開始自己的台灣三一九鄉鎮單車旅行，親身體驗箇中甘苦後，對於完成環遊世界的兩位，更是充滿了好奇。在長途旅行中，除了要有充沛體力及毅力，每天面對未知，要擁有什麼樣的心志，才能堅持到底呢？我一直感到非常迷惘……

終於，在心靜的這本書裡，我找到了答案。原來，只要秉持對生命的熱情，以及對人的眞誠，就像我非常喜歡書中的一段，訴說「一個人的勇氣」，當面對社會不同的價值觀時，勇於做自己，勇於與眾不同，回到人本的價值思考，不要以爲一個人的力量很小而不爲，只要勇敢向前行，呵呵！自然會引發一段段感人的連結。

本書看似一本輕鬆愉快的遊記，其實卻不簡單，裡面穿插存青精心拍攝的照片，心靜用心整理的歷史記載，文中時空交錯的場景與情感，使我的心情隨之盪漾；書中透露的勇氣和獨特價值觀，更讓人有所省思，讀完之後，我更忍不住對於這兩個朋友充滿了敬佩之情。存青和心靜，謝謝妳們，甘芭爹喔！

李鴻鈞（欣葉集團總經理）

推薦序

一本眞實之書，兩個眞誠的人

「如果你敞開胸懷，打開這一本不知道如何歸類的書，你會發現，這是一本眞實之書，書中都是人的故事，一場紙上紀錄片……」

如何寫出一本眞實之書？我想，絕對不能少的，是一顆開放寬容、不停探索的心，存青和心靜就是這樣兩個人。聽她們暢談旅行經驗，常常驚訝於她們在旅途中是那麼的敞開胸懷去擁抱一切，去相信萍水相逢的人，有時只憑一面之緣，就接受邀約，住到陌生人的家裡面，同樣的，這些旅途中結識的朋友，一旦有機會到台灣玩，她們也熱誠接待。從她們身上，我看到一個最簡單的眞理：她們眞誠對待世界，世界也以眞誠回應。

儘管個性不同，存青和心靜卻以驚人默契和堅強意志，共同旅行過許多國家。有時，出發之前經過嚴密的計畫，有時，臨時有出國機會，率性的放下手邊的一切說走就走，十分的自由自在，要不是她們在台灣還有許多演講、出版品，這麼頻繁的旅行，我都要以爲她們的正職是「旅行家」了。

剛認識的時候，她們正計畫騎單車環遊世界，那次，她們花了九百二十二天踩踏過五大洲三十二國，實現環遊世界的夢想，鼓舞了許多人。

去年，我找她們替《皇冠》雜誌寫一篇關於「慢遊」的文章，那時她們正在青藏高原挑戰高海拔騎乘，花了四個月的時間，從甘肅蘭州騎到拉薩，總共騎了二千五百公里，在這之前，她們這個「協力車環中國海」的計畫，早已經踩踏過台灣、日本、韓國、中國大陸等地。

協力車環中國海是一個美麗卻艱難的計畫，因爲協力車不比單車，不但需要兩個人彼此配合，也比單車費力二至三倍，她們的速度不得不慢了下來。幸好，對她們而言，旅行不再是經過哪些地方，而是打入當地人的生活，和在地人互動，旅行的速度越慢，看到的東西越多，套句心靜的說法，就是「有充裕的時間欣賞天邊的彩虹，等待一朵花開，開始一段故事……」多麼美的想法！

因爲——有那些旅途中交會的臉孔，眞誠的交流，精采的故事，東亞糾葛的人文歷史——《亞洲慢慢來》多了幾分溫柔厚實，多了幾分文化底蘊，也多了幾分迷人的魅力。

莊瓊花（《皇冠》雜誌主編）

——推薦序——

追求完美，堅持使命

答應幫存青和心靜寫序，我回溯了和她們認識的時間，好像已經三年了，但是，卻沒有太多的機會認識彼此。

這段沒有謀面的時間，我還是經常收到她們來自不同國度的信函，訴說著每一段過程中精彩的回憶。藉著閱讀她們的故事，自己猶如身歷其境般的和她們遊走了每一趟旅程。

今年二月，好像是冥冥之中的緣分，我因安排建聯會活動邀請存青來分享她們的心路歷程，才得以有機會與她們更近距離的接觸。存青當天侃侃而談著近年來的喜悅，她因受邀到學校分享夢想的實踐與歷程，沒想到這些經驗分享，深刻地影響了學生，牽引著更多年輕朋友努力追求夢想的決心與毅力，這些小小努力的結果，從存青上揚的嘴角，我找到了她們不斷前進的動力。

存青和心靜是很不一樣性格的兩個人，但卻有著相同的執著。執著對生命的體驗，對夢想的實踐，和對快樂的堅持。那天晚上，我彷彿放下煩擾的一切，在生命中和她們有一段美好的交流。

近日，拜讀了心靜閉關半年寫的新書文稿後，對她的改變「焠煉，扭曲，昇華，結晶」的石油能量有著更深的期待；以及對這一塊不斷琢磨自己發光發熱的「和氏璧」存青，感染著她沒有停止的熱情。

面對生命的熱情是絕對的，當我遇見她們時，我更深刻的感受到這份堅持和信任，彼此堅持相同的信念，才能勇往直前；彼此相互信任，才能協力走過每一次的挑戰。

加油！存青和心靜。

載著我們的祝福，將生命的美好分享到世界的各個角落。

張麗莉（生活觀雜誌總編輯、龍寶建設董事長）

——導言——

越界的旅人

一五九三年寫給他的一封信
提及他在一五八六年寫去的信收到了
而一五九三年這封信他在一五九五年才收到；
一五九五年他就聽到虛報，以為父親已經去世
其實又過了十一年多的時間
到了一六〇四年才知道父親剛剛去世

——裴化行 R. P. Henri Bernard《利瑪竇神父傳》

在上個世紀九〇年代末，網路開始漫天蓋地、一世風靡的時節，我讀到這一段文字，從而展開原不在計畫中（後來想想其實是命中註定）的一段孤獨而漫長的旅程。

耶穌會士利瑪竇（Matteo Ricci）的遭遇，具體而微地揭穿了**過去↓現在↓未來**這種我們習以爲常的**線性時間**的荒謬性：你的現在，是別人的未來；別人的現在，卻是你的過去。由人爲刻度所形成的時間觀念，強勢主宰了我們的人生，讓我們渾然忘記一個事實——時間沒有邊界。說的更白話一點，一如經緯度並不存在，**時間**亦不存在。日升月落，哪裡是遵照人類所制定的時間表？冬季夜空最壯麗的獵戶座右下角那顆參宿七（Rigel），閃爍的其實是七百年前的光；春季漂亮的天鵝座亮星天津四（Deneb）如果隕滅了，地球（如果那時還有人類的話）要到一千八百年以後才會知道。聰明的您想必瞭解我的意思了：過去和未來是同時並存的。宇宙無涯，時間又何嘗有邊界。西伯利亞鐵路全程跨越八個時區（莫斯科中午十二點，海參崴已經是晚上七點），請問在火車上**現在幾點**？

方位也是如此：當你站在北極點上，不管你面對哪裡都是南方，那北極的北方呢？還有，洛杉磯和東京隔著太平洋遙遙相對，我們會說，洛杉磯在東京的東邊，但既然地球是圓的，難道我們就不可以說，其實洛杉磯也在東京的西方？對身處無重力狀態的太空人，四維上下的分別更是毫無意義。

一如越洋遷徙的候鳥，沒有護照，不需簽證，人本來也可以像風一樣自由，讓所有的方位與刻度，不過是做爲參考座標，快與慢也只是相對的概念，廣義而言，我們都是越界的旅人。

我嚮往的旅程，也許就是讓自己置身利瑪竇的時間，回到大航海時代，試著重新尋找生命的方向感。

一九八六年我搭乘老舊的鑒眞號客貨輪從大阪航向上海，用了整整兩天；西元八四七年（沒錯，唐宣宗大中元年）寧波一艘商船因爲順風三天即抵九州，時間並沒有差很多。二〇〇四年十月我又從高雄搭飛龍號客貨輪出港，預計三天後到達名古屋，然後再前往日本海邊的伏木港轉乘俄羅斯船去海參崴，最後的目的地是聖彼得堡，結果海上遭遇超級強颱，**三天後**還在離臺灣很近的石垣島外海避風；好不容易趕到伏木港，卻看到那艘俄羅斯船翻覆海上……我用了十二天才終於踏上俄羅斯的土地。不確定、不可知、慢、更慢，正是大航海時代的特徵，也是千百年來旅行的眞相。利瑪竇和歐洲的一來一往雖然費時九年，已經算是好的了；寫信的當下，他甚至不知道對方是否仍然在世。

距今也不過百多年前，一個出門遠行的人，比方隨小獵犬號環球考察的達爾文（Charles Darwin），或舉家遠航薩摩亞群島的史蒂文森（Robert Louis Stevenson），既不知有衛星雲圖、颱風警報，當然也不會有「寂寞星球」（Lonely Planet），遑論比他們更古遠的時代了；相對而言，一個旅人如果走得夠久夠遠，最後自己就會變成一個氣象專家，路上遇到的其他旅人（比方像玄奘這樣的**背包客**）就是你的Lonely Planet不是嗎？

我最喜歡的旅人之一，就是那個愛爾蘭老嬤嬤黛芙拉．墨菲（Dervla Murphy），她在十歲生日收到的禮物是一部自行車和一本地圖集，於是暗自決定要騎著自行車去印度；二十年後，她眞的騎上一輛破單車，上面掛著菜籃，橫越冷戰年代的歐亞大陸，穿過許多人警告她「你一定會被強暴而且死得很慘」的土耳其、伊朗、阿富汗等伊斯蘭地區，一路和惡天候、壞路況搏鬥，卻也沒少笑聲、妙聞和奇遇，最後平安抵達德里，在沒有二十七段變速、碟刹、防刺輪胎、安全帽、排汗衫、GPS或Gore-tex的一九六三年（*FULL TILT: From Dublin to Delhi with Bicycle*，中譯《單騎伴我走天涯》，馬可孛羅出版）。好友存青和心靜（Vicky & Pinky，我私下封她們爲「車壇天后」）就是我心目中同時代的黛芙拉．墨菲。

與存青和心靜結緣也是在港口：先是義大利的Ancona，接著是希臘的Patra；記得二〇〇一年五月在Patra碼頭邊看著她們騎向酷熱的環伯羅奔尼撒和安納托利亞長旅的背影，心中滿是擔心與不忍；沒想到她們後來還去了非洲。六年後當她們跟我說想騎協力車環中國海一周，我又是一驚：半是憂心（這行程絕不輕鬆，而且還伴隨相當危險性），半是開心（因爲她們也想用大航海時代的方式進行）。她們試圖以最自然的速度、怡然的態度，和土地、時間、人民對話，串聯千百年來環**東中國海**（**臺灣—琉球—日本—韓國—中國**）**生命共同體**的念頭，則是深得我心。這是僵化、狹隘、無想像力的歷史課不曾教給我們的視野。

在大陸中心主義的歷史觀中，很多人並不知道環東中國海各個國家、地區間熱絡的海路交流一直是常態，而像日本幕府或明、清兩代短暫的鎖國其實是特例；以民間為主的國際貿易是常態，官方主導的諸如遣隋使、遣唐使船或鄭和船團則是特例。八世紀律宗高僧鑒眞和上於十二年間六次偷渡出海，才終於成功抵達日本，哪一次不是搭的民間商船？日本天台宗僧人圓仁雖然是隨著西元八三八年最後一次遣唐使船入唐，但因為未獲准前往浙江天台山請益，不甘心和使節團一起歸國，帶著兩個徒弟跳船，滯留中國，並得以前往五台山朝聖，又在長安長住；九年後遇到唐武宗廢佛所謂會昌法難，被迫還俗，只好請求歸國，他們從山東搭的就是新羅（朝鮮）人的商船。同樣是天台宗僧人的圓珍（空海侄孫）於八五三年也是搭新羅船渡海入唐。到了宋代，將中國茶樹引進日本的臨濟宗禪師榮西、在寧波天童寺習禪的日本曹洞宗開祖道元，也是靠民間貿易船往返。

唐代許多沿海城市都有新羅坊，圓仁師徒在唐土流浪時，兩度在山東赤山的法華院接受庇護、過冬，法華院就是當時活躍海上的新羅武將張保皐所建。如今因地利之便，韓國資本大量湧入山東半島，山東官方斥資重修法華院，韓國企業家捐款在附近樹立一尊巨大的張保皐將軍像，彷彿又恢復了千年前交流的盛況。

琉球諸島長期與周邊國家、地區通商，並提供避風港；琉球王國則是數百年來依違於中、日兩大強權之間，採取等距外交，試圖維持脆弱的獨立狀態，最後還是成為日本的邊疆。

這些就是環東中國海生命共同體歷史圖像的一個切面——被忽略的、較爲陌生的一面。透過存青和心靜兩位越界旅人純樸的眼睛、勇敢的步履，我們或許可以重新審視過去，理解現在，並且想像將來。

吳繼文（作家）

雙鋼琴、協力車與我

——前言——

台上是法國拉貝克姐妹淋漓盡致的演奏，兩台面對面緊緊相靠的黑色平台式鋼琴，形成一片凝固的幽黯深海，任何人都可以在如鏡般光滑的表面，照見自己，姐妹各據天涯一角，專心地操縱手中的黑白鍵，看似獨立，時而合一，姐姐狂放自然，跺腳吼叫，妹妹沉靜內斂，整個人埋在鋼琴上，動靜之間，有一條看不見的線，如行雲流水般，傳遞兩位藝術家的對話。是的，拉貝克姐妹不僅是融爲一體的雙重奏，而是更高一層的思索與對話，思索向內，對話向外，四十年的默契，讓自己變成一把梯子，幫助對方爬到更高一階，自己因而更上一層樓。無論是雙鋼琴或是四手聯彈，古典、流行、爵士、即興……信手拈來，技巧純熟，豐富的表情變化，如人的雙面性格，有時候，某些幽微情緒，往往深藏在個性的另一面，連自己也不知道，遇到外在撞擊，才會表現出眞實的自己……

雙鋼琴是兩人手腳並用的樂器，協力車也是。

在台下，想到我們的協力車——缺一不可的交通工具，透過踩踏的細微差異，可以知道對方心情，要順利前進，根據車體的力學原理，前方出力佔七成，必須掌控沉重把手，責任重大，後座使盡全力只佔三分，又不能躁進，牽制前方使力，必須略慢二分之一秒踩踏，而且把手不能轉向，必須完全信任前方，才能前進如風。路況千變萬化，重要的是隨機應變，避開可能危險。二十年的默契，第一次騎協力車就上手，第二次是在台灣環島的路上，最後穿越中橫，爬上了標高三二一七公尺的武嶺，第三次是在基隆港，即將展開環中國海的旅行。

路上的風，爲協力車安裝了一對翅膀，順著風向，雙人馬戲團，吸引一路的目光，不時有深藏不露的當地人加入，互相較勁，演變成一場盛大演出。

「二十年來我最大的改變是什麼？」旅行結束，喜歡問問題的存青問。

「和氏璧。現在的你，外表和內在一樣，不像以前衝突很大。」習慣回答問題的我說。

「那你呢？」

「石油。石油是埋在地層下的古代生物遺骸，經過高溫高壓，通過複雜的生物及化學作用轉化而成的。」

也就是說，存青從來沒變過，她的本質和二十年前一樣，旅途中的碰撞，就像是拿著工具把原來遮住光芒的石塊敲掉，一點一滴顯露出自己——價值連城的玉。

我則完全改變，通過各式考驗的焠鍊，扭曲，昇華，結晶，一次次蛻變，浴火重生，時間未到，外界就是無法了解我——內在充滿能量。

因此，在自助旅行二十年、單車環球十年的過程中，大部分人看到的是坐在前方的存青，她是主角，我是配角，永遠的小跟班，雖然，夢想的萌芽到實現，都是兩人共同創造，一個人無法完成，如同雙鋼琴，但是，一直到現在，初識的人總是用崇拜的眼神看存青，然後狐疑地對我說：

「我看你——不像是會做這種事的人。」

在驚濤駭浪中翻滾，無暇細思，現在，我知道那只是過程，變成石油的過程。蘊藏在海底的石油，儲量豐富，認眞評估後，決定分成五個階段開採——日本、韓國、中國大陸、台灣，還有畫下圓滿句點的雪域，提煉成「亞洲慢慢來」系列，如果大題小作，通通倒入一本書，一把火燒光，那太可惜了，千辛萬苦焠鍊的能源，需要小心翼翼嚴陣以待。

大陸作家余秋雨曾說：「任何一個眞實的文明人都會自覺或不自覺地在心理上過著多種年齡相重疊的生活，沒有這種重疊，生命就會失去彈性，很容易風乾和脆折。但是，不同的年齡經常會在心頭打架，有時還會把自己弄得挺苦惱的。」

青春無悔的協力車之旅，需要強健體魄，這是年輕人；勤於筆耕的專欄作家，需要敏銳文筆，算是中年人；探尋東亞歷史糾葛，需要文化底蘊，應是老年人；三種不同年齡在旅途中交互出現，無論是體力、歷練及人情世故，都在遊刃有餘的階段，和以前力有未逮的壯遊截然不同；當然，太過貪心，三種年齡也會打架，把自己弄得疲憊不堪，細心的讀者應該看得出來。

從小是個書呆子，在長途旅行中，學到街頭智慧，回到書房，伏案寫作，卻如春蠶吐絲，必須耗盡生命的能量，才能變成光滑美麗的絲，一根又一根的線織成連綿的絲路，一個異文化對話與理解的管道。

書中談到很多糾纏不清的歷史，遇到無法理解的現狀，不得不往過去追尋，包括我自己，很多刻板印象是在旅途中打破，甚至是爲了寫書翻查資料才了解前因後果，回到當時的時空，才能看到傷痕背後的人性，不免對現況多了一份寬容，對未來寄予希望。如果你敞開胸懷，打開這一本不知道如何歸類的書，你會發現，這是一本眞實之書，書中都是人的故事，一場紙上紀錄片，日本紀錄片導演小川紳介說：「我想拍的即是由拍攝者和被拍攝者共同創造的世界。」這場二〇〇七年春天上路的旅行，二〇〇九年春天在紋白蝶的翩翩身影中剪接，旅途中交會的臉孔，烈日的顏色，冷風的味道，一一刻在記憶膠捲上，過濾掉旅程的匆忙和喧囂，形成一個靜默有力的隱喻。

如花似玉的拉貝克姐妹演奏完畢，台中中山堂一陣沸騰，連續安可了五首曲子，大家才依依不捨地離開，後來，聽說在國家音樂廳，台北場全體起立鼓掌，安可了七首曲子，足足延長了四十分鐘才結束，幾乎是下半場的份量了，一場難得的音樂饗宴，台上台下，眞正深刻的交流，很榮幸參與其中。

書要出版了，懂得協力車的知音，不知道有多少？

「亞洲慢慢來」系列的第一本是關於日本，這個令人又愛又恨的國家，多樣複雜的曖昧面貌，正是絕佳寫作題材，過程中，面對截然相反的材料，難以下筆，深怕以偏概全，只能以拍紀錄片的精神，盡量抓住旅途中的眞實片段，書中的一句話、一個人、一個畫面，都發生在沖繩和九州，很多日本人終生也不曾涉足的土地，這場從邊陲逼近日本之旅，可能會顚覆一般人對日本的印象，無論如何，協力車環中國海之旅，就從翻開這本書開始了。

謹以此書感謝一路支援的朋友，這十年來，始終堅持夢想，一再完成不可能的任務，這要歸功於很多朋友在精神及物質方面的支持，雖然「他們」總是吩咐：「不要告訴別人。」這份信任及肯定，讓我們在本來沒有路的地方，走出了一條路，圓夢之外，默默在校園紮根——十年的旅行寫作，超過千場的校園巡迴講座，創作編入《九年一貫新課程》，獲選爲高中生命教育課程的教案，不斷鼓勵年輕學子勇於築夢，開拓人生視野，回望灑下的一大片種子，欣慰地發現，早已發芽，開花結果，長成大樹。

早已在旅途中發表一系列文章，旅行結束，本想迅速完成書稿，竟然拖到六個月，用跑百米的精神跑馬拉松，身心的疲累，可想而知，連我家的貓都垮了，每天從清晨陪到凌晨，一星期沒睡，最後一天，臉色慘白，把早餐都吐了出來——感謝牠的陪伴。

Part 1 沖繩

「翻著古老的相片簿　對著總是總是　在心中鼓勵著我的人　囁嚅著謝謝兩個字　晴空翊爽也好　大雨滂沱也罷　那時時刻刻浮現的笑容　即使回憶已遠離褪色　我依然追尋絲絲蹤跡　當它甦醒時總讓我　淚光閃閃……」來自沖繩的心靈歌姬夏川里美一開口，果然帶來和煦陽光，低沉歌聲如海風撫過領口，所有煩惱隨風而去……

時代旅人

同一片海洋，同一條航線，在不同時代，身處其中的旅人，主動或被動，在時代中走自己的路，時代的旅人，即使剛走過的航道瞬間消失無蹤，看過的風景轉眼付之一炬，在歷史的洪流中，總是會留下痕跡的吧！

時代演進，隨著交通工具改變，旅行況味截然不同。

很喜歡老電影一個經典畫面，輪船將要離岸時，船上的人會拋下彩帶，讓岸上的人牽著，就像他們的手相握，當船啓動，彩帶一根根斷掉，留下無形的思念相連……

二○○○年夏天，以單車和輪船環繞波羅的海，在遙遠北國的低溫中，走過德國寒冷淒迷的森林、丹麥童話般小鎮、挪威險峻峽灣、瑞典迷濛湖泊、芬蘭浴氤氳熱氣、愛沙尼亞的夢幻古城、拉脫維亞的琥珀街、立陶宛老教堂的手風琴、波蘭憂鬱的霧……至今，波羅的海猶如剛看過的電影，歷歷在目，那段旅程，搭了五趟船，一水之隔，就是異質時空，連空氣的密度和氣味都改變了。

二○○七年夏末，在基隆的東二碼頭，告別送行的人。

四面八方來的朋友，聚集在亂哄哄的船務大廳，靠近台北時遇到塞車，遲到一個小時，一抵達碼頭，我匆匆趕到櫃檯交涉免費攜帶協力車，存青忙著換胎，前幾天試騎，輪胎忽然爆裂，連內胎都裂開了，檢查發現是鋼圈內有一片鋼絲沒清除乾淨，工廠緊急寄來新輪胎，在出發前一刻才收到，大家團團圍住換胎的存青，像看馬戲團表演，畢竟，「搭船出國」不是每天都會發生的事，又是騎協力車，大夥兒臉上洋溢著興奮的新鮮感。

上船前，所有人在大廳和協力車合影，當然，還有我們，背景是服務台、報到處和剪票口、祝旅途愉快的跑馬燈，看不到輪船，也沒有彩帶，唉，搭船旅行的黃金時期果然過了。

推車沿著密閉的乘客通道走，跨過一個艙門的門檻，就算上船了，東張西望，看不到送行的朋友，向想像中的笑臉揮揮手。

船員動作俐落地把協力車固定在走道的樓梯扶手上，看協力車有了棲身之所，安心多了，提著行李走進船艙，迎面聽到清一色日語，馬上有一種「我已經離開台灣」的眞實感，可以容納二百人的客輪，乘客不到三十人，裝潢過時卻乾淨的大廳、餐廳、咖啡店，空落落的。

飛龍號是一九五七年開航的客貨輪，固定行駛於基隆、高雄與沖繩之間，沖繩的日常用品大都是從台灣運過去，每週從基隆港進出的貨物大約是一千噸，高雄港是四千噸，二戰前，中部農民把鳳梨引進八重山，戰後，不少台灣人到沖繩的那霸、石垣島和宮古島種植甘蔗和鳳梨，落地生根以後，返台探親都是搭乘飛龍號；在五、六〇年代，台灣貿易還沒起飛，基隆港口委託行林立，進口舶來品的跑單幫人潮，是飛龍號主要乘客，尤其是春節前後，港務大廳上堆滿了行李，驗貨都要跨過紙箱，盛況空前。

現在，稀稀落落的乘客大都是年輕學生和少數跑單幫的歐巴桑。

我們把行李搬到六人房，坐在面海的藤編沙發吃便當，呼，終於可以喘一口氣了，窗外的燈火慢慢移動，港口的貨櫃一一遠去，年輕時四處漂流，曾在基隆住過一年，在擁擠的城市奔波，街道太小人太多，很少望向大海，從漆黑的海上回望，燈海璀璨，有一股港都夜雨的冶艷。

走到船尾甲板，空無一人，就像電影「鐵達尼號」中男女主角第一次相遇的場景，基隆已經變成遠方模糊的燈影，基隆山在黑暗中依然可辨，滿月像路燈，海面一片亮晃晃的銀光，海風強勁，吹散白天的燥熱。

第一次搭船離開台灣，海面寂靜，近代，這片海域卻是列強競逐貿易利益的熱鬧航道，英荷聯合艦隊、西班牙及葡萄牙船艦，吸引中國商人挺險出海交易的日本商船，琉球的朝貢船，劫掠中國沿海的海盜船，在大航海時代，風起雲湧……

←1957年開航的飛龍號，固定行駛於基隆、高雄與沖繩之間。

二.

同房的黃太太，快六十歲了，白髮蒼蒼，從民國六十多年開始跑單幫，常跑東亞的Kiki曾在搭飛龍號遇過兩次，其中一次，飛龍號因爲颱風在石垣島外海停泊了三天，當Kiki在船務大廳向她提起這件讓他津津樂道的往事，她卻完全不記得。

「她的記憶是扁平的。」小說家下了一個像詩的結論。

她往返日本和台灣，一個月搭三次船，船像另一個家，在房間看電視，在大廳看同伴玩四色牌，窗外海景熟悉到像老月曆，時間是規律的重複，唯一的變化是攜帶貨物的種類和價格。

「當時間是扁平的，歷史不斷重演；當時間是線性的，過了永遠不會再現，遇到同樣的事，時間感不同，人的記憶也完全不同……」吃著黃太太送的粽子，詩人胡思亂想。

「你從台灣帶什麼？」「青菜和魚。」存青好奇地問，獲得出乎意料的答案，原以爲跑單幫多帶奢侈品，後來從琉球朋友口中，才知道農業不發達的琉球，九成蔬菜都是進口，近海漁業漁獲不多，大部份海鮮也是進口，台灣的蔬果及魚貨在本地餐廳很受歡迎。她回程帶日本藥品或是電器，視客人需要而定。

「搭飛機是走雲上，我的生活就是走水面（台語）。平安，沒什麼特殊的。那有什麼好玩的，就是坐來坐去。九降風不好坐，船會搖，容易暈船。夏天好坐，卻多颱風。第一次去是旅遊，後來就跟著人家做生意。」黃太太三言兩語，把搭了三百多次船的經驗做了總結。

有緣在海上邂逅，樂於分享旅行見聞，她聽完一臉茫然，完全不能了解這種「無業遊民似的旅行」，抵達沖繩，我們幫黃太太帶八條香煙，海關人員看到協力車及行李，大手一揮，示意我們通關。

推著協力車走出海關，看她在後面緊張地搬貨，悄悄把香煙放在約定的地方，像我們這樣的「奇人」，在她的記憶裡應有一席之地吧！

行前，家具設計師的好友志剛，大力推薦他的客戶大林千乃小姐——她是台灣移民第二代，經營著名的東南植物樂園，出發前三天，得知大林小姐帶她自創的沖繩印花染品牌「木花」到台灣參加「三峽藍染節」，百忙中和志剛趕到三峽碰面，在人潮洶湧的展場，送她一套夢想旅行箱，她看到《單車環球夢》的封面，興奮地說她的英文名字也是Vicky，對於輕巧的休閒帽愛不釋手，指著上面存青和心靜的商標說她要收一半權利金，直覺兩個Vicky都是熱情開朗，像太陽一樣的人。

「看心靜打扮優雅，一點也不像騎單車的人，不知道存青是什麼樣的人？」後來，她才說出當時心中的疑惑和好奇。

一見如故，她明白我們行程自由又有獨立能力，乾脆地說她兩個孩子都大了，現在一個人住，直接邀請我們在她家落腳，約好在那霸的新港碼頭碰面。

協力車停在船務大廳外，吸引很多人來照相，一對日本情侶要到石垣島單車旅行，跑來細細研究，三位台灣車友帶折疊車來琉球，因為「單車環島已經不稀奇了」等人潮散去，正想和大林小姐聯絡，時尙俐落的她就出現了，開著銀色賓士雙門跑車，戴著名牌太陽眼鏡，像渡假的電影明星，請她在地圖上標出地址，我們騎車過去。

大林小姐看著協力車，念頭一轉，說：「先到《琉球新報》好了，我聯絡一下朋友，也許他可以採訪你們。」

依照指示騎到琉球新報的辦公大樓，大林小姐已經到了，她的朋友穿著沖繩流行的印花襯衫，一派輕鬆，渡假小島的上班族果然不同，他聽了環中國海的計畫，連連點頭，發出驚嘆聲，另一位負責採訪的年輕記者，認眞盡責，在一團歡樂的氣氛下採訪，最後合影留念，這只是一件小事，沒想到在小小的沖繩，卻引發了巨浪，後來數度因而更改了旅行軌跡。

接下來都是上坡，就像舊金山雙峰，存青猜想大林小姐的家視野很好，果然，她住在市中心的高級大廈頂樓，四十萬人的那霸市一覽無遺，縣政府奇特的玻璃建築、港口、街道清清楚楚。

晚上，隨大林小姐加入她的好友聚會——Yuki和Iva，她提及馬龍·白蘭度主演的好萊塢電影，片名是「秋月茶室」（The Tea house of August Moon），影片描寫Iva媽媽傳奇的一生，千嬌百媚的她是美軍託管時期的藝妓，戰後百廢待舉，她在村落中結識美軍軍官，積極打入美軍圈子，開設的茶館融合了中國的茶文化和島嶼的純樸風情，賺進大把美金。雖然軍中長官大都拜倒在她的石榴裙下，她卻嫁給一個蘇格蘭裔的低階軍官，那位軍人在她生下Iva後回到美國，從此銷聲匿跡，因

此，Iva至今痛恨她的爸爸……

第一天，就意外認識了琉球的風雲人物，掀開琉球的第一章。

聚會在市區的Mamaya餐廳，店名的意思是「媽媽的店」，這是一家供應精緻沖繩料理的高級餐廳，門口是日式一貫的低調，樸實無華，大林小姐強調，老闆娘柳生郁子的家庭料理很合她的口味，一星期至少來三次，就像她的廚房。

↑沖繩料理「海葡萄」。

坐下來，發現在場的人除了Iva外，名字都以Ki結尾，對話以日語和英語交錯，大林小姐的英文很流利，不像一般日本人，原來她十五歲跟著父母移民到琉球後，一路到大學都是唸美國學校，難怪她講話方式有東方人少見的坦率直接，她和精心打扮的Yuki細細研究菜單點菜，我們和Iva天南地北閒聊，從中日陶器的差異到沖繩人的哲學，無所不談，以前遇到初識朋友，大都由存青發言，喝了一杯白酒的我，滿臉通紅，整晚滔滔不絕，反而是Iva說：「我想聽一下存青的意見。」

當我和大林小姐交換推動「慢活」的心得，存青和Iva分享擁有「一個多采多姿媽媽的無奈。」Iva新接的業務是把駐紮沖繩基地的部份美軍轉移到關島，這個龐大的計畫，二十年也做不完，她感慨地說：「我從小就立志往相反的方向走，年過半百，卻覺得我和媽媽越來越像。」她媽媽的茶館因爲美軍光顧，生意興隆，從小看透人情冷暖的Iva力爭上游，沒想到後來還是從事和美軍相關的工作，強烈反戰卻依賴「基地經濟」，是沖繩人心頭難解的結。

沖繩料理盛在雅致食器上端上來，五花肉、炒豆芽菜、山苦瓜炒豆腐，口味和台菜相近，反而不像日本料理。其中，苦菜蕎麥子沙拉是少見的開胃菜，很爽口，一般豆腐來自大豆，沖繩豆腐卻是花生做的，口感介於麻糬和奶酪之間，淋上甜中帶辣的醬汁，口味獨特。最大驚喜是當地人稱「海葡萄」的海藻，半植物半動物，營養豐富，低熱量，不含膽固醇，有「綠色魚子醬」之稱，原生長於沖繩附近零污染的乾淨水域，單吃或是搭配生魚片皆可，吃起來有水果口感又有海菜鮮味，在以長壽著稱的沖繩料理中，海葡萄和稱爲「水雲」的海髮菜齊名，同是清爽的海中鮮味，只要一點點醬油提味就夠了。隔天到遊客如織的國際通，看到餐廳門口的食物模型，才知道第一晚都已一網打盡。

談到我們這次的亞洲慢遊，Iva說：「二十年前的亞洲，很容易分辨彼此，琉球人、日本人、韓國人，我一眼可以看出來，但是現在是全球化時代，大家看一樣的媒體，穿一樣的名牌，開一樣的車，必須像你們這樣慢慢走才能看出差異，二十年後，可能慢遊也看不出不同了，所以，你們的旅行爲以後留下了珍貴紀錄。」想到臨行前，Kiki要我們以人類學家的精神觀察東亞，天啊，旅行還要交報告，眞是不輕鬆。

最後，Iva說她在電話中聽到大林小姐要介紹新朋友非常驚訝，這不像是大林小姐的作風，不過，見面以後，她很肯定地說："I don't like people. But I like you."哈，快人快語，有緣相遇，再喝一杯吧，人生得意須盡歡。

李白早就說過：「夫天地，萬物之逆旅；百代，光陰之過客。」天地這麼大，不過是萬物寄居的旅舍，滔滔歷史，只不過是永恆的一瞬間，不只是我們，包括黃太太、大林小姐、Iva和Yuki都是旅人，被動或主動，在時代中走自己的路。

三．

隔年，完成協力車環中國海的旅程，回到台灣，正準備再次出發，挑戰青藏之旅，曾經搭過三次飛龍號的KiKi忽然來信，他說：

「六月，飛龍號要停開了，油價上漲，船東有村產業虧損連連，五十年歷史的航線要斷了……短期之內要再像你們這樣，來一趟純粹以海路串連的環中國海之旅是不可能了。如果台灣往來沖繩的定期航線不再開，那麼也許可以這麼說，存青是史上唯一完成『無飛行環中國海』的人。」

一個令人惋惜的消息，一個不願獨享的紀錄，本想鼓舞更多年輕人，踏上飛龍號的甲板，迎風而去，沖繩，如此之近，卻又如此之遠——與那國島位於沖繩列島的八重山群島最西端，距離台灣只有一百一十一公里，天氣晴朗時，台灣的中央山脈清晰可見，恰如一座連綿不絕的海上屏風。然而，台灣大多數人，包括我自己，不曾關心過花蓮外海的島嶼……

如果把時空往前推移，事實上，這條短短航線——從基隆到那霸大約十七個小時的航程——在日治時代，卻是需時四到五天的「地獄之旅」，在《日本殖民下的台灣與沖繩》一書中，作者又吉盛清描寫當時的慘狀：

「航線雖然在亞熱帶地區，船上也沒有換氣裝置，熱的令人發昏，簡直一刻也無法待在船室，用餐就在骯髒容器中，裝米飯和醬菜這類粗糙食品，加上船內暈船與乘客嗆人的體臭混在一起，根本沒辦法用餐。對滿足乘客舒適的需求，全然不曾考慮過。人，被當作貨物一樣來處理，關在船艙裡面。」

需要強健體魄才能承受的顛沛航程，卻阻止不了隨著「台灣熱」而來的沖繩人，日本經濟受到一戰後經濟蕭條和東京大地震的雙重打擊，引發一九二七年的日本金融風暴，對經濟基礎薄弱的沖繩，打擊尤其嚴重，離島陸續引發大饑荒，縣府束手無策，大批失業者，徬徨在求職路上，甲午戰爭割讓予日本的新殖民地——台灣和澎湖，就成了沖繩人尋找活路的希望。

↑沖繩附近海域曾是列強競逐貿易利益的熱鬧航道，英荷聯合艦隊、西班牙及葡萄牙船艦、日本商船、琉球朝貢船、劫掠中國沿海的海盜船，在大航海時代，風起雲湧……

當時，距離日本強行處分沖繩的「廢藩置縣」，不過十六年，有些沖繩人在接受日本殖民統治的「皇民化」教育後，以老師和警察的身分，轉到台灣擔任殖民統治的尖兵。而一般沖繩人經歷艱辛旅程到達台灣後，卻因爲言語不通習俗不同，背負著「日本生蕃」的污名，面臨「內地日本人」和「台灣人」的雙重歧視，很難找到工作，就算有工作，也很難獲得晉升，少數官員選擇改姓及遷籍，隱瞞自己是沖繩人的出身，努力往上爬，在台灣五十多年的殖民統治中，沖繩出身的高階官員不過五六名，寥寥可數。大部份沖繩人在社會底層，從事土木搬運工修築鐵路、建造港口、或是擔任武力鎮壓「生蕃」和抗日「土匪」的隘勇和巡查，大多數人在高危險的工作中犧牲，再也無法回到海水湛藍的故鄉。

倖存的沖繩人，在日本戰敗後，「殖民地財產」被沒收，沒有食物，身無分文地等待撤離，一水之隔的家鄉，在美軍登陸的沖繩戰爭中化爲焦土，並被美國軍事佔領統治，前途未卜，沖繩人在其他「內地日本人」撤離半年後，才由日本政府配船回到沖繩，結束與台灣「同爲日本帝國殖民地」的特殊關係。

從一九七四年開始，爲了進行沖繩人在台灣殖民地的調查，即使面對周圍不友善的眼光、日本歷史學界的禁忌和刻意忽略，歷史研究者又吉盛清來臺灣六十多次實地考察，試圖揭開沖繩既是受害者，又是統治者一員的民族苦難記憶，他說：

「思索台灣殖民地統治的歷史，是沖繩人受虐待、被歧視的歷史，不過，是否也可說是以加害者身分與台灣、中國、朝鮮或亞洲人對立的歷史呢？這裡包含著超越個人善惡的歷史的無情。沖繩人在戰後二十七年間，於美國軍事佔領統治下，經歷過『珍貴』的殖民地體驗。這是只有沖繩人才有的初次歷史性的體驗。這確立了沖繩人不以統治者一方的語言，而能從被統治者的呻吟逼近殖民地統治實態的重要立場。」（書籍1）

同一片海洋，同一條航線，在不同時代，身處其中的旅人，主動或被動，在時代中走自己的路，時代的旅人，即使剛走過的航道瞬間消失無蹤，看過的風景轉眼付之一炬，在歷史的洪流中，總是會留下痕跡的吧！

飛龍號停航，不知道跑單幫的黃太太，現在怎麼了？

種樹的人

看大林社長只要一談到「木花」，就閃閃發光的表情，相信她也在爲自己種一棵樹，一棵樹代表一個希望，希望曾經遭受無情戰火洗禮的沖繩，有更多代表和平的樹，十年，百年，快樂地生長……

1.

「我這一世人就愛種樹仔。」看著那霸新居窗外的椰子樹，出生宜蘭的李堅（歸化日籍後改名爲大林正宗）爲他八十歲的人生下註腳。

以前曾經看過一本法國小說《種樹的男人》，內容是描寫一個在法國南部普羅旺斯的荒地默默種樹四十多年的老人，經過一戰、二戰，他播下的種子逐漸變成一座森林，匯集了河流、鳥聲、花香，移居的人愈來愈多，形成村莊，生氣蓬勃，沒有人注意到他無私的付出，他依然持續播種……

看完書，明知那是虛構的人物，依然深爲主角的精神感動。

四十多年前，沖繩由美軍託管，島上樹木不多，因爲在太平洋戰爭時，美軍實施「跳島戰術」，對台灣實施空襲，選擇在菲律賓及沖繩登陸，戰況激烈，沖繩的建築及樹木大多毀於戰火。

美軍登陸前，日本軍閥命令琉球人「集團自決」，絕對不可以投降，日本兵隨身帶著兩個手榴彈，一個攻擊美軍，一個針對本地人，強迫平民集體自殺。沖繩戰爭造成十五萬人殉難，幾乎是沖繩人口的三分之一，自古和平的南國島嶼，遭受難以磨滅的重創。今年三月，日本文科省要在高中歷史教科書刪去這段歷史，引起軒然大波，戰爭倖存者紛紛站出來講述親身經歷，堅決反對歪曲歷史。（書籍2）

文科省修改教科書的依據，來自諾貝爾文學獎作家大江健三郎出書揭露慘案，因而官司纏身，他在《沖繩札記》書中引述兩名前日軍隊長梅澤裕及赤松嘉次的話，表示「負責執行命令的軍官，至今望向沖繩仍覺難堪」「集團自決是軍令」，作者及出版商岩波書店被梅澤裕控告破壞名譽，要求禁止該書出版及索取高額賠償金。

歷史學者平良宗潤發表評論：「否認南京大屠殺、慰安婦及軍閥集團自決命令，美化戰爭，是日本軍國主義的復甦。」報上每天連載：「我當時三歲，全家族都死了……我當時六歲，整個村落的人都……」讀著這些驚心動魄的記載，很難想像當初大林正宗剛來沖繩的情景。

大林正宗熱愛植物，從託他買椰子樹種子的日本朋友口中知道日本園藝急需熱

帶植物，以前船運需要十多天才能抵達，存活率不高，無師自通的他苦心研究運送方式，專門供應日本市場，台灣便宜的椰子樹苗，運到日本，馬上身價百倍，爲他帶來人生第一筆財富。

後來因爲上游供應不穩定，經朋友介紹，他到沖繩西表島買下將近一半的土地，想要自己育苗，每天工作十六個小時，奮鬥了三年，積蓄都花光了，育苗計畫卻宣告失敗，不認輸的他，接受女兒建議，顧及客人往返的方便性，改到沖繩本島東山再起，買了一塊便宜土地，在連路都沒有的垃圾場，一點一滴開墾，沖繩土壤貧瘠、缺乏水分，一年又有十多次颱風，沒有萬全的防颱措施，辛苦栽種的花木很容易毀於一旦，他想盡辦法一一克服困難。

種樹期間，中日斷交，美國把沖繩群島的施政權移交日本，世界局勢迅速變化，因應沖繩大力發展觀光，培育苗圃的大林農場，逐步改成植物園，現在，綠意盎然的「東南植物樂園」，已是著名景點，園內有兩千種從各地移植的亞熱帶及熱帶植物，植物樂園本身具備「博物館」資格，因此園內種植很多禁止買賣的奇珍異草，占地五萬坪的雨林，全年蓊鬱青翠，大林先生把握「景的美感」和「植物特性」，巧妙布置，讓人放慢腳步，沐浴在大自然芬芳中，一年有將近一百七十萬人次遊客，造訪這座「愛樹人的天堂」。

沖繩則從戰後滿目瘡痍的村落，轉變成五星級飯店林立的度假島嶼，一年迎接五百萬遊客，甚至在二〇〇一年引起「移居沖繩潮」，大批日本年輕人嚮往沖繩悠

→沖繩東南植物樂園，占地五萬坪，是華僑李堅一生夢想的實現。

閒的島嶼生活及豐富的文化生活，選擇移居到南國，我還在便利超商發現好幾本移居沖繩的生活指南，從選擇定居的島嶼、工作、住家到休閒生活一應俱全。

年復一年投入，大林正宗因綠化沖繩的貢獻，獲得天皇接見，十年樹木，百年樹人，種樹不易，背後的堅持更是難得，大林先生一家人付出外人難以想像的心力，十四歲隨著父母到沖繩定居的大林千乃小姐，除了辛苦適應異鄉，還得忍受當地人的歧視——當時的沖繩社會對台灣有「夜遊買春」和「反共獨裁」的刻板印象——在求學過程，除了原來的中文和台語，學會了流利的日文及英文，大學畢業回到植物園工作，孝順的她在父親退休後，接下延續植物園的重任。

「我已經老了，要第二代來接，她一個女人很辛苦。」因中風行動不便的大林正宗關愛地說。他近年調養身體，少和外界往來，因爲大林小姐，才有機會深入了解他的奮鬥史。

「希望爸爸不要再生氣。」年過半百的大林社長，平常精明幹練，坐在爸爸腳邊，還是一個深受疼愛的獨生女，撒嬌地說出她對爸爸的期望。

在女性領導人不多的日本社會，直爽樂觀的大林社長自成一格，前一晚，多年好友Iva形容她的個性是「根本不知道什麼是失敗，那只是成功的過程，她也不去管那些嫉妒的人或是競爭者，只管走自己的路。」傳神地描述了她的經營方式，面對九一一事件對觀光業的打擊和休閒旅遊新趨勢，她不斷在思考未來方向。

「認眞的爸爸容易發脾氣，其實我的個性也是要求完美，我的抒壓方式是和朋

↑大林千乃社長自創沖繩藍染品牌——「木花」。

友聊天，好朋友對我非常重要，她們是比先生還好的人生夥伴。」大林社長已經當了外婆，自由自在的生活卻像一個快樂的單身女郎。

「我在五十歲以後，體悟到一定要愛自己，不要顧慮太多外在的事，因爲犧牲太多，也會失去自己，反而不能爲別人提供貢獻。」她爲了興趣，五十歲那年在植物園內創造了萬花筒藝廊，收集很多萬花筒藝術家的作品，與更多人分享「人生從不同角度思考，就會不同」的萬花筒哲學，更在兩年前，自創了以沖繩藍染爲主題的「木花」，大學副修日本美術的她希望能發揮長才，把木花經營成「島上的小珍珠」，讓喜歡的人更喜歡，不喜歡的人不必喜歡，因爲，每個人都可以有不同的選擇。

看大林社長只要一談到「木花」，就閃閃發光的表情，相信她也在爲自己種一棵樹，一棵樹代表一個希望，希望曾經遭受無情戰火洗禮的沖繩，有更多代表和平的樹，十年，百年，快樂地生長……

＝・

離開沖繩後，搭船到九州南端的鹿兒島，初秋時分，在崎嶇起伏的南九州，騎乘過金黃稻田、青翠茶園、不知名村落，白天騎車，晚上泡湯，露營或借宿，享受悠閒的田園風光，渾然不知世事。一天，在便利商店外的報架上瞥見，「集體自決」

的新聞又上了頭條——二〇〇七年九月二十九日有十一萬沖繩人聚集在沖繩宜野灣海濱公園抗議，民衆要求在高中教科書中保留「日軍強制」的字眼，維護歷史眞相。

那一刻，在抵達沖繩前從來沒聽過「集體自決」的我，熱血沸騰。

歷史有眞相嗎？成王敗寇，歷史一面倒向統治者，抹殺是非黑白。昨天，佔沖繩人口十分之一的民衆走上街頭，演變成一九七二年沖繩「復歸」日本以來，最大規模的民衆抗議，日本政府不敢輕忽怒吼的民意……歷史不能重來，對悲劇的反省卻不可少，面對眞相，是受害者的權利、加害者的義務，更是雙方唯一的救贖。

引起教科書修改風波的訴訟持續著，在二〇〇七年十一月的開庭中，親自出庭的大江健三郎表示，他的《沖繩札記》包含三個主題：一、他向日本社會報告他瞭解到的日本近代以後爲把沖繩納入日本體制而對其進行皇民化教育的過程，且認爲這是沖繩的悲劇；二、在一九七〇年代初，他預期沖繩在從美國佔領狀態下回歸日本之時，將繼續忍受美軍大規模軍事基地的存續；三、日本人並未認識到本土的繁榮與和平是以沖繩付出巨大犧牲爲代價的。因此，他捫心自問：「我是否可以改變自己而成爲與現在這樣的日本人不同的日本人？」（新聞1）

在大衆文化鋪天蓋地滲透下，現在的日本人患了「政治冷漠症候群」，只關心自己的生計和享樂，歷史眞相，國家體制，這些政治議題顯得遙遠而陌生，一般人漠不關心，隔岸觀火，這是促使日本內閣長期採取保守主義的溫床，在追求現實性

的主流社會，少數有良知的知識份子呼籲變革的呼聲顯得微弱，空谷迴聲。（論文集2）

二〇〇八年十一月三日，經過三年多纏訟，大阪最高法院認爲作者有確實證據支持他相信皇軍下過這樣一道命令，大江健三郎勝訴。

這不是永遠的勝利，早在一九八一年，日本高中教科書就曾經刪除日軍殺害沖繩軍民的記載，經過沖繩縣議會決議的要求，才於一九八四年更正。

日本首相不顧亞洲鄰國抗議參拜靖國神社，不只是一則稍縱即逝的新聞，背後的原因，更值得探討，世界首部和平憲法的形成、質變到落實，戰後和平主義運動的發展，日本左派和右翼之間的微妙牽制，政府和民間的認知差異，種種問題，不是拙文可以涵蓋的，需要更多理性務實的思索，溫和眞誠的對話。

和平，永遠不是一條容易的路，只能持續地播種，像種樹的男人，期望有一天，會變成一片森林……

→沖繩豐富的文化氛圍吸引很多日本本土年輕人和藝術家移居。

首里城之萬國津梁

萬國津梁即世界的橋樑，琉球王國係南海的美麗之國，位於朝鮮、中國與日本之間，以船爲萬國橋樑，係靠貿易而繁榮之國度。

小心撥開歷史的迷霧
看見眞實的遺物

冊封史踏著唐樂的步伐
款款而來
穿過海盜橫行的驚滔
踩過南蠻出沒的駭浪
小小沙巴尼（附註1）出海
恭接　中原長風

文官提筆安天下　他們說
飛泉漱玉　靈脈流芬
十九世紀初的使臣字跡
端凝厚重　站在
瑞泉門的碑石上

紅柱黃瓦的正殿一角　尙育王公告
暫停使用和歌　和語
唐人以日本語問話　凡我琉球子民
皆應裝作聽不懂
換上中國曆書
中秋之宴　重陽之宴
遠渡重洋的文人
歌詠南國山水
朝廷搖搖欲墜　千里之外

虎視眈眈的薩摩藩　江戶幕府
幕後　操控奈良河上的鷺鷥（附註2）
換上日本曆書
謝恩使　攜帶朝貢的漁獲
吐出　琉球樂童
征服　行幸的天皇
幽雅的唐樂　琉球樂
永久居留

重建的首里城　不是眞實的遺物
歷史的迷霧　隨風搖擺
消散無　蹤

二

高掛在首里城的「萬國津梁之鐘」，造於一四五八年，可說是琉球王國的象徵，鐘面的文字翻成白話的意思是：「萬國津梁即世界的橋樑，琉球王國係南海的美麗之國，位於朝鮮、中國與日本之間，以船爲萬國橋樑，係靠貿易而繁榮之國度。」

俯視海面，出現來自日本的遣唐使、中國來的冊封使、朝鮮及東南亞的商人，西班牙、葡萄牙的南蠻船，英國和荷蘭的艦隊，海盜亦在海上虎視眈眈，日本歷史小說家陳舜臣的《琉球之風》，就是描寫這段風起雲湧的歷史：「長期受明朝冊封，透過朝貢貿易求利的琉球，在德川家康的侵略下，成了兩大強國之間苟延殘喘的殖民地……」意外發現，琉球志上建立南海王國的夢想，演變成鄭成功驅逐荷蘭人，在台灣建立反清復明的基地，探究歷史，參照東亞局勢，別有樂趣。（書籍3）

首里城是琉球王國的政治、經濟和文化中心，卻在美軍登陸的沖繩戰爭中全

毀，現在登錄爲世界遺產的首里城，是根據畫像、照片及專家研究，一九九二年重新修復，目前還有三分之一的宮殿持續修復中。

首里城的第一道正門是歡會門，歡迎天朝皇帝派來的冊封使，持續了五百多年的冊封關係，特許的朝貢貿易，扶持琉球王朝，尤其在中國鎖國時代，琉球等於是中國唯一對外窗口，轉口到日本的生絲貿易獲利豐厚（論文集1）。第二道門是瑞泉門，樹立著中國使節寫的冊封七碑，層層上行，一直走到最高的正殿，融合了中國、日本和琉球特色的赭紅色木造建築，裝飾了金璧輝煌的龍獅雕塑，正殿二樓掛了康熙、雍正和乾隆的御筆匾額，原件早已無存，仿件是透過北京故宮留存的皇帝法書重建，處理政務的北殿是中式建築，接待薩摩藩的南殿則是日式建築。

首里城博物館富有娛樂及教育功能，中英日文解說，穿著傳統服飾的服務人員，模型、圖表、多媒體輔助，可換取贈品的紀念章，茉莉香片（琉球稱爲三味茶）和茶點的茶道體驗，盛大的慶典儀式，在在讓人印象深刻。

有趣的是看著古地圖，發現不論是明清時代，中國冊封使從北京到福州渡海到琉球，或是琉球在江戶時代，派遣謝恩使經薩摩到江戶的路線，都和我們這次環中國海的路線（台灣—沖繩—九州—釜山—首爾—天津—北京—上海—杭州—廈門）重疊，本來以爲是創新之旅，原來自古即是熱門路線，海上陶瓷之路，透過行旅傳遞貨物和文化，現在搭飛機方便，很少人願意耗時數月進行海上旅行了。

隔天到壺屋博物館，清水模的現代建築內，展示琉球壺屋燒的歷史，解說牌上

→首里城是琉球王國的政治、經濟和文化中心，已登錄為世界人文遺產。

也是中國、日本和琉球歷史並列，琉球開放的海洋文化，不斷接受外來文化的刺激，發展出呈現本地風土的精巧工藝。後來，拜訪當地藝術家——藤崎眞的紅型工坊，發現代表琉染的「紅型」運用來自東南亞的技術，融合明朝和日本友禪的文化，發展出海洋和活潑的島嶼風格。

甚至是沖繩著名的「泡盛」，以米酒和黑麴製成的蒸餾酒也是來自泰國，在在看到沖繩人受到鄰近文化影響，珍而重之學習，融合了本地文化保存下來的民間工藝。發展至今，以擁有「人間國寶」（擁有國家級無形文化財的個人）的密度來說，位於邊陲的沖繩，卻是日本第一。

下午，一場傾盆大雨過後，走出首里城，剛好看到兩道完整彩虹，高掛在正殿上方，引得遊客狂按快門。來自同樣深受多元文化影響的島嶼，以鄰爲鏡，反觀自己——往歷史源頭溯源，拋開意識形態包袱，珍重對待所有滋養土地的文化，在豐富傳統上創新——才能從過去看到現在，邁向將來。

這是從首里城的「萬國津梁」得到的啓示。

↑首里城的第一道正門——歡會門，為歡迎中國天朝皇帝派來的冊封使。

琉球之歌

詩言志，歌詠情，位居邊陲的島嶼，同樣以歌發聲，綻放炫目光采，這不是偶然，而是吸收了豐富的文化養分，在夾縫中生存的必然吧。

—．

喝著甘甜爽口的沖繩本地產Orion啤酒，聽著現場演奏，沖繩療癒系音樂的酒精濃度似乎比「泡盛」還高，曾發行「太陽之祭」專輯的Diamantes拉丁搖滾樂團，在沖繩民謠和沖繩硬式搖滾中加入了拉丁的動感節奏，讓全場情緒沸騰。

樂團成軍十年，主唱城間．亞魯貝路特（Alberto）在南美洲出生，他的祖父在二戰前從沖繩移民至秘魯，從小喜歡唱歌的城間參加歌唱比賽贏得「一張日本單程機票」，滿懷夢想飛到東京，日語不靈光的他在大城市四處碰壁，心灰意冷，輾轉到了沖繩，在溫暖海水包圍的原鄉看到一線曙光，拜師學三線，悠遊在沖繩民謠的

海洋中，浮出水面，加入自小熟悉的拉丁元素，在眾多樂團中獨樹一格，逐漸打響知名度，同行的美國朋友羅夫，在震天價響的音樂中介紹這個當紅樂團。

右邊那桌，美軍士兵把喝過的啤酒杯像戰利品一樣愈堆愈高，一對美軍情侶在地上打滾，臉及身上沾滿了污泥，危顫顫爬起來，相擁而舞，左邊那桌穿著印花洋裝的琉球美眉，站上椅子隨著音樂搖擺，後面那桌，沖繩人和美軍一起歡呼，拉著手互稱"**Brother! Brother!**"至於我，完全忘了一整天騎車的疲憊，跳上椅子，大跳特跳……

今早，第一天上路，告別大林小姐，離開那霸往北騎，一路上，只能用「藍色」來形容，沒有工業的沖繩，天空是透明的，雲白得發亮，兇猛秋老虎，毫不容情地「咬人」，氣溫高達三十八度，猛烈紫外線曬得皮膚刺痛。

外海有珊瑚礁環列，海水從螢光綠、翠綠、淺藍到湛藍，千變萬化，每年的五百萬觀光客，九成五來自日本本土，潔白沙灘，五星級飯店，悠閒渡假的氛圍，就像日本的夏威夷——這是一般人對沖繩的印象，日本韓裔作家柳美里的私小說《命》，就曾提及她和不倫情人搭機到沖繩渡假的經驗。

沖繩到處都是單車道，卻很少人騎單車，當地人看到我們騎協力車旅行，像是看到外星人，總是露出不可思議的表情，哈哈大笑，還有人大喊：

「台灣來的林桑和江桑，加油！」抵達那霸第一天，大林小姐靈機一動，安排我們接受《琉球新報》採訪的新聞見報了，果然一上路就遇到啦啦隊。

爲了趕上沖繩一年一度的祭祖祭（Eisa Festival），一路疾行，一口氣衝到北谷町，還有半小時就可抵達沖繩市了。存青想順道拜訪羅夫（Ralph Littlefield），派駐沖繩八年的美軍律師，他住在美國風濃厚的北谷町——有一半面積屬於美軍基地，存青上個月在台中車店偶遇他的兒子孫小田（Alex Littlefield），提到沖繩之行，孫小田熱心提供他爸爸的聯絡方式。

本以爲律師較嚴肅，穿著改良式和服的羅夫卻平易近人，看到我們騎協力車來，笑臉相迎，馬上煮咖啡招待，存青送上杉林溪茶，喜愛異國文化的他珍惜地收下。因爲工作關係，他派駐過很多國家，喝咖啡交換趣聞，談到德國人「嚴謹到了偏執的個性」，三個人搶著說出親身遭遇，想到誇張情狀，不免哈哈大笑。

雖然家人分居世界各地，一個人住的羅夫卻很懂得享受生活，彩繪古董櫃是以前在泰國工作時買的，面海落地窗前，有一把流線型不繡鋼管皮質躺椅，看來是所費不貲的名牌設計。三年前，以長年培養的美感，自己設計工作空間，沉浸在塑造空間的魔法中，和設計師好友們切磋。台中的商業空間向來是餐飲業的一級戰區，競爭激烈，不時有創新之作，城市風景就像童話，一夕之間就變樣了，和羅夫聊到室內設計，又是一陣刀光劍影，欲罷不能。

看時間不早，還要趕到沖繩市參加祭祖祭，必須上路了。

聽到祭祖祭，羅夫熱情邀請我們晚上住客房，自願當嚮導開車帶我們去，他去過五六次祭祖祭，熟門熟路，太好了，不用趕著去找住宿，又有內行人帶路，頓時

←一年一度的沖繩祭祖祭，藉由傳統舞蹈保存琉球王國文化歷史。

出演
真
珠

王

鬆了一口氣，同行的還有羅夫的鄰居Tara，她來自四國，二〇〇一年日本興起「移居沖繩潮」，很多年輕人和藝術工作者嚮往島國無拘無束的生活搬到沖繩，她也是其中之一，已經來了五年。

經驗老道的羅夫把車子停在嘉手納空軍基地，再抄近路走到運動場，否則擠滿三十萬人的街道，典禮結束時容易大塞車，寸步難行，他直接帶領大家到祭典隊伍出場的地方，這是最佳的拍照地點。

從一九五六年開始在體育場（Koza Sports Park）舉辦的沖繩祭祖祭，每個村落都會組隊參加，精神抖擻的孩子穿著有五百年歷史的衣服，衣服上繡著「琉球國」，在三線琴伴奏的琉樂下表演太鼓和舞蹈，表情認真，動作整齊劃一，深深連結故鄉的情感，遊街表演時，圍觀的民眾還會送上紅包當作獎勵。

其中有一隊是由移居到海外和日本本土的琉球子弟組成，他們雖然離開家鄉，但是不願錯過傳統祭典，自發性組成，這一隊陣容堅強，帶著花笠的女孩儀態高雅，盛大的太鼓隊精神飽滿，還有三隻毛茸茸的唐獅子，等待出場時，天氣炎熱，罩在獅子行頭裡的人，滿頭大汗，臉色紅通通，只差沒有吐出舌頭了。這隊的用心贏得最熱烈的掌聲，尤其在中場，結合現代的嘻哈、搖滾和流行音樂，配合太鼓表演，表演者忍俊不住的歡樂表情，深深感染了現場觀衆。

根據《琉球史鈔》的記載，琉球樂童的相貌好，熟音律，而且具備詩歌素養。樂童不僅擔任迎接中國冊封使的重任，也是琉球使節團到日本參加慶賀或是謝恩儀式最受歡迎的成員，參觀首里城時，特別注意到描繪樂童行列受到夾道歡迎熱鬧有趣的畫，恰似今天的祭祖隊伍。

在十七世紀初，琉球王國的武力不敵進犯的薩摩藩，國王被迫出宮當人質，從此，受到薩摩的經濟壓榨和政治控制，當時琉球的三線琴和舞蹈水準，遠遠高於薩摩，戰敗之後，不僅沒有因爲意志消沉而荒廢藝能，樂童表現反而更加出色，在日本天皇首度行幸德川幕府的盛典中，技壓全場，贏得滿堂彩，影響了當時剛崛起的「歌舞伎」，歌舞伎原本以笛、小鼓和太鼓伴奏，加上了琉球傳入的三線琴，舞蹈風格詭異清新，讓京都人看得如癡如狂。

其實，琉球的三線來自中國的三弦，再傳入日本變成三味線，隨著商船和朝貢船飄洋過海的弦樂器，背後承載了多少故事呢？

漫漫旅途，有心人容易招來因緣，先後聆聽了三弦、三線、三味線一脈相承，卻迴然相異的丰采，置身在天津茶館的說書場，三弦圓潤，搭配說唱藝術，緊扣人心；在那霸小酒館聽沖繩民謠，三線渾厚，加入人聲即是溫柔恬淡的島唄；在熊本的一場私人宴席，素有才女之稱的女主人，在日式庭園的別館演奏，三味線鏗鏘有力，氣氛激昂，直到結束才能喘一口氣，奏罷，女主人解釋，三味線本來是爲歌舞伎伴奏，逐漸走向獨奏，後來的「輕津三味線」，還發展出即興演奏，有「日本的爵士樂」之稱。

相比之下，三弦庶民，上天下地；三線溫婉，餘意無窮；三味線淒厲，來勢洶洶，三者各有擅場，很難評斷高下，不過，私心偏愛三線，當地俗諺說：「日本人的客廳，裝飾物是武士刀，琉球人客廳，就是三線。」幾乎人人會彈的樂器，在命運不由自主的海島，變成一部口述歷史……

思緒愈飄愈遠，體育館內，表演結束的隊伍紛紛合影留念，準備出發遊行了。羅夫帶領大夥兒到緊鄰會場的 Orion 啤酒節，每個人手上拿著大杯啤酒，座無虛席，繞了好久，連一個位子也找不到，老天保佑，Tara 遇到舊識，讓出一點空間，終於可以坐下來了，她開心地去買烤肉、大阪燒，享受夏日祭典。

行前，在網路上找沖繩資料，不多，卻找到夏川里美的音樂，出身沖繩歌謠大賽的她以「淚光閃閃」一曲成名，第一次聽就覺得是「微風吹著椰子樹，躺在沙灘上，喝著鮮榨果汁聽」的舒服音樂。

第一天上路，竟然有機會聽到沖繩樂團的現場演唱，如夢似幻，晚風中，Diamantes主唱城間渾厚悠揚的嗓音，"Okinawa Mi Amor"令人陶醉的旋律，忽然領悟沖繩很少人騎單車的原因了，這樣的藍天，如此的碧海，應該是跳入海中隨波徜徉，累了回到岸上沐浴在夕陽中，徜徉在月光下，放聲高歌，騎單車太辛苦了。

環顧四周，羅夫放下照相機，存青放下攝影機，Tara吃完了大阪燒，大家紛紛站到椅子上，隨著音樂跳舞，吶喊，嘶吼，釋放全身能量，忘懷一切的煩惱，我想，琉球之歌，就像是席捲一切的颱風，吹得所有人人仰馬翻，就不會想到戰爭，或是其他破壞和平的事……

那一夜，深深感受到以「歌唱與舞蹈著稱」的琉球魅力。

二．

離開沖繩前夕，特別到國際通著名的民謠俱樂部"Live House Chakra"，衝著喜納昌吉而去的，他創作的「花～すべての人の心に花を」（願大家心中都能綻放花朵），就是周華健的「花心」原曲，聽說他的現場演唱感染力十足，他不只是把沖繩音樂帶上國際舞台的歌手，近年爲了宣揚和平理念，出身音樂世家的他還進軍政壇，現在是日本衆議院議員，據說當選那夜，現場三十分鐘的太鼓演奏，震撼人心。

初識的琉球朋友有紀子，聽到協力車環中國海的旅程，深受感染，年輕卻心思細密的她問：

「在那霸，有什麼想看的嗎？」約好那天，卻遇到聲勢浩大的颱風，臨時取消，終於在倶樂部碰面，已經是沖繩的最後一夜了。

「很多遊客都失望而返，喜納先生政務繁忙，現在很少來店裡演唱了。」有紀子的朋友田村先生，環顧像夜總會的絢麗舞台說，他是台灣移民第三代，特地回台灣唸書，就讀文化大學觀光系，以前在大飯店工作，常接觸慕名而來的遊客。

節目從與那國島的舞蹈和民謠開始，沖繩民謠比照地理分區，分爲沖繩本島、宮古、八重山、奄美四大區，其中八重山被稱爲「民謠的寶庫」，離台灣最近的與那國島即屬於此，在島上，唱歌是生活方式，就像吃飯睡覺說話一樣，在呼吸之間，情感隨著歌聲自然湧出……在沖繩小提琴、響板、三線、太鼓的伴奏下，自古流傳的民謠傳唱不斷。

由宮古島方言演唱的搖籃曲，連有紀子也聽不懂，卻能感受到素樸溫暖的母愛，穿著傳統服裝的喜納姐妹一一上台，演唱富有感染力的民謠小調，手舞足蹈，像小時候的野台戲，一家人在台上演出，在後台吃飯，濃濃鄉土味，隨著節目進行，終於明白自己的天眞，滿腔熱情逐漸冷卻，閒聊台灣和沖繩文化的異同，準備輕鬆度過最後一晚。

此時，一個穿著白襯衫白褲披著半長捲髮的歐巴桑跳上台，啊，是喜納昌吉，

↑根植於沖繩傳統的新民謠搖滾，在沖繩和日本本土大受歡迎。

全場歡聲雷動，他一開口，果然有燃燒數萬人的熱力，即使現場不過百人，他依然深深投入，歌聲低沉寬廣，如沖刷海岸的浪濤，時而高亢宏亮，似鼓動風帆的長風，從海中隆起的琉球群島，恰似一個滿載音樂的船隊……

在沖繩民謠史上，喜納昌吉可說是扭轉歷史的人物。

在他之前，沖繩民謠維持著傳統風貌，在二戰後嶄露頭角，本土娛樂復興，民謠藝人紅極一時，不論是劇場或電影，都有沖繩民謠秀的身影。

當他諷諭時政的歌曲「酒鬼老頭」（haisai ojisan）一推出，音樂界大嘩，「非民謠非搖滾」的批評聲浪不斷，沖繩在一九五二年舊金山合約後歸美國管轄，西風東漸，逐漸受到美國文化影響，尤其是越戰時，湧入大批勞軍的知名搖滾樂團，年輕人受到西方音樂的洗禮——他是首位將民謠插電的歌手——成名曲光在沖繩就大

↑喜納昌吉是新沖繩民謠的教父。

賣了三十萬張，爲沖繩民謠迎來第二個黃金期。（網頁1）

一九七二年沖繩「復歸」日本以後，他把搖滾、雷鬼、非洲藍調、加勒比海等樂風注入傳統沖繩民謠，這種沖繩新民謠，風靡了無數的日本歌迷，他和Champloose成團後唱的「願大家心中都能綻放花朵」傳唱在日本的大街小巷，寄寓「世界開滿和平之花」的深意。

在喜納昌吉之後，沖繩音樂家紛紛把以歌唱爲主、三線伴奏的琉樂，加上現代編曲，由日本唱片公司發行，地方性民謠躍上了國際舞台，後繼者不斷，安室奈美惠、**Kiroro**、**Cocco**、**Speed**都是箇中翹楚，甚至有「一天唱出一首島歌」的美稱。

忍受歧視眼光，遭受不公平對待的沖繩，雖然因被殖民的壓迫記憶而反美、反日，經濟上卻無法脫離「基地消費」和「中央補助」的依賴，爲了消除對美軍基地佔有二成精華土地的反對聲浪，中央補助就佔了沖繩地方財政收入的三分之二，沖繩失業率是日本平均値的兩倍，一般人自認「沖繩沒有自立能力」，自尊心低落。

改革來自邊陲，根植於沖繩傳統的新民謠搖滾崛起後，喜納昌吉是讓日本年輕人「沖繩中毒」的殺手級明星，很多人從喜納昌吉的歌開始，對沖繩產生興趣，延伸到長壽料理、傳統舞蹈、碧海藍天，年輕人開始學三線，學方言，不是出身沖繩的歌手也發行沖繩民謠，沖繩人一掃陰霾，獲得自我認同，「沖繩魅力」代表的是沖繩庶民美學……

音樂暫歇，彷如大夢初醒，剛才用力演唱的喜納昌吉發表演說：「大家都變成朋友就不會有戰爭，音樂能夠撫慰人心，所以我希望以樂器取代武器，以祭典取代戰爭，我曾經在南北韓的三十八度分界線演唱，現場每個人都淚流滿面，戰爭讓家庭離散，同胞相殘，和平才是人類的希望……」他在演唱會中場，自顧自地對觀光客宣揚他的理想，說完，又繼續表演。表演結束，喜納昌吉在一旁幫歌迷簽名，田村先生熱情地拿協力車旅行的報導上前介紹，他馬上拿了一個DVD簽名贈送，並且好奇地問：「爲什麼要騎協力車？」

「以前騎單車旅行，一人騎一台，各自朝著自己的夢想前進，就像現在的亞洲，這次改騎協力車，希望大家同心協力，未來能夠有更多眞誠的交流，創造美好未來。」存青福至心靈，巧妙詮釋協力車旅行。

「那我們是和平的戰友。」他高興地說，大力握手，一點也沒有架子。

隔天，在報紙上看到喜納昌吉的照片，他西裝筆挺地出席「反對教科書刪除集團自決」的超黨派議員座談，日本政府想掩飾太平洋戰爭時軍國主義的行爲，激起沖繩人的強烈反對。看他在座談會上侃侃而談的樣子，想起前一晚他在俱樂部的激情演出，白天從政，晚上唱歌，眞是難以想像的雙重生活，他是一個超級發光體，在不同領域發揮影響力。

在觀光文宣中，沖繩總是充滿了陽光，翻開大江健三郎的《沖繩札記》，卻像走到月亮的背面——

碧海藍天的沖繩，歌唱與舞蹈的群島，長期籠罩在難以忽視的陰影下——核潛艇入港發生核洩漏，那霸港的汙泥和魚貝受到鈷六十汙染，美國海軍陸戰隊強暴女學生、縱火和污染環境，當地民衆的安全受到威嚇，受制於「美日地位協定」，地方政府無能爲力……這些亟待解決的問題，讓沖繩人生活在揮不去的恐懼中。

二〇〇五年，沖繩舉行反美基地的集會與示威遊行，得到了日本全國一百四十多萬人的簽名支持，促使美日簽署協定，美軍正在陸續遷移，歸還土地，美軍基地日漸縮小。

把喜納昌吉「以樂器取代武器」的貼紙貼在日記上，離開這個曾經有三分之一土地由美軍駐紮的島嶼……

三・

「翻著古老的相片簿 對著總是總是 在心中鼓勵著我的人 囁囁著謝謝兩個字 晴空翊爽也好 大雨滂沱也罷 那時時刻刻浮現的笑容 即使回憶已遠離褪色 我依然追尋絲絲蹤跡 當它甦醒時總讓我 淚光閃閃……」當夏川里美唱起成名曲，滿場觀衆沸騰起來，沒有炫麗燈光、華麗服裝、布景特效，也沒有訓練有素的舞群，諾大的中興大學惠蓀堂，舞台上只有五人樂團，穿著沖繩傳統服飾的主唱，簡單樸素，兩側的大型螢幕，打出中文字幕，不像是大型演唱會，倒像是那霸居酒屋，有一股輕鬆

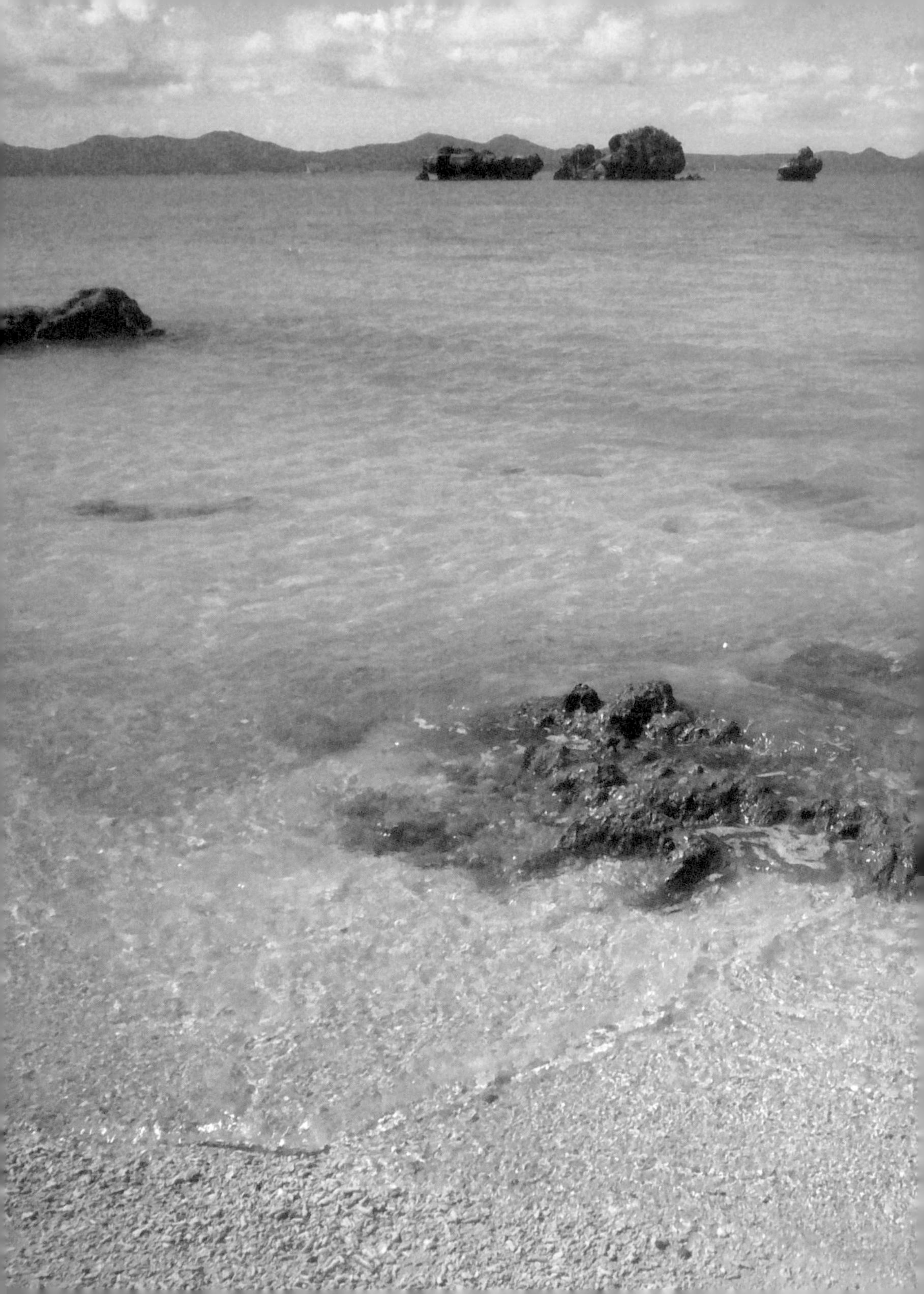

家常的氣氛。

後來，環中國海的旅程，意外延伸到青藏高原，眞正回到台灣，已是隔年十月了，謝絕外界邀約，閉關寫作，深秋開始動筆，進度卻不如預期，心急如焚，在深井中聽聞夏川里美將來台中演唱，回到人間衝到年代系統訂票，八百元入場券賣光了，忍痛花了一千六百元買票，捏著「夏川里美經典美聲尋歌之旅演唱會」門票，像捏著正拍動翅膀的鴿子，深怕它飛走，在一月十五日晚上，冒著隆冬寒風，排隊進場。

來自沖繩的心靈歌姬一開口，果然帶來和煦陽光，低沉歌聲如海風撫過領口，所有煩惱隨風而去，這個世界戰火未歇，泰國發生暴動，印度恐怖攻擊，迦薩走廊的以巴衝突又起，全球金融海嘯衝擊各國經濟，人心惶惶，嬌小的她以飽滿溫暖的歌聲祈願，和平降臨苦難國度，那種撫慰心靈的穿透力，一下子就達到頂點……

泫然欲泣那一刻，琉球之歌浮現，第一天上路，在沖繩祭祖祭的啤酒節之夜，城間熱情寬廣的拉丁搖滾，展現海島悠閒生活，沖繩繞了一圈回到那霸，喜納昌吉燃燒奔放的新民謠，融合美國的搖滾文化，吶喊沖繩渴望的和平，在貼近心跳的強烈節奏中，忽然領悟，走過那麼多路，遇到那麼多人，協力車就像絲路上的駱駝，不畏艱險，交換物資、故事和文化……

夏川里美一點也沒有巨星架勢，親切得如同鄰家女孩，用先祖流傳下來的民謠，唱著愛、夢想、關懷、鄉情、大自然，這些單純的想望，往往在現實壓力之下

→沖繩清澈的海水、和煦的陽光，讓所有煩惱隨風而去。

扭曲，必須小心呵護，才能發芽茁壯，十多年來，為了夢想，不得不風雨趕路的幽微，似乎在她的歌裡，找到了理由。

如果冥冥中有一股造化的力量，那麼，今晚是水到渠成，參加演唱會前，剛好寫到「琉球之歌」的喜納昌吉部份，腦中塞滿了沖繩音樂史，對於自己命運毫無自主能力的和平島嶼，一再遭受強權的控制和歧視，卻在東西文化的碰撞中汲取養分，登上世界舞台，新沖繩民謠抒發現代人共通感情，國際好評不斷，在大量實力派音樂人的優異表現下，「沖繩血統」已經是一塊金字招牌。沖繩年輕人重新學三線，唱方言歌謠，得到自我肯定，很多日本內地的年輕人因為喜愛沖繩音樂「沖繩中毒」，想要了解沖繩的語言、文化及生活，可見音樂的影響力。

其實，台灣也是一樣，融合了民歌、東洋及西方音樂的台灣流行樂壇，活力驚人，不管在日本、韓國和大陸，常遇到很多人表達對台灣歌手的喜愛，印象最深刻的是一位杭州朋友，初識的他以癡迷表情形容第一次聽到鄧麗君演唱的心情：「在萬籟俱寂的夜晚，如果有一點聲音，一定特別清晰，鄧麗君婉轉的歌聲震得我都聾了。」他將近耳順之年，仍然忘不了當初的感動。

《南方周末》寫著：「鄧麗君是一代中國人的初戀。」在那個解放與壓抑進行拉鋸的時代，她的歌聲唱出人們對私生活解放的渴求，回到內心最真誠的一面（新聞2），到了北京，因為朋友小恬的邀請，參加了「鄧麗君經典歌曲情景演唱會」，由擅長演繹鄧麗君的秋琳及桐瑤擔綱，環顧現場，可以容納二千七百人的北京展覽場劇場，座無虛席，大多是正襟危坐的長者，已經去世十二年的歌手，依然受到歌迷喜愛，願意買票進場聆聽她的歌曲，遙想當年丰采，鄧麗君眞是絕無僅有的傳奇了。

後來，在蘇州的靜思書軒，看到大陸暢銷書《遙遠的鄉愁：臺灣現代民歌三十年》，作者以充滿感情的筆調，從頭細數台灣民歌，才知道原來「我們的」民歌，在大陸的影響深遠。二〇〇八年春節因雪災滯留上海，在上海藝術人文頻道上看到「懷舊金曲」節目，以史詩的澎湃介紹流行歌手，收錄很多精采畫面，看到很多在台灣早已銷聲匿跡的歌手，節目中流露對台灣歌手精采演出的懷念，令人動容。

詩言志，歌詠情，位居邊陲的島嶼，同樣以歌發聲，綻放炫目光采，這不是偶然，而是吸收了豐富的文化養分，在夾縫中生存的必然吧。

「布要染深或染淺取決於人心　海洋的未來就像塊白布　會怎樣也繫於人心」夏川里美甜美地唱完「搖籃曲」，新婚的她洋溢幸福笑容，介紹擔任樂團鼓手的夫婿玉木正昭，她的歌曲深受準媽媽喜愛，素有「胎教音樂」美譽，看來她很快就有好消息了。

走出演唱會現場，觀衆從老到少，很多人闔家光臨，不像一般演場會以年輕人居多，人人臉上浮現一種泡完溫泉的舒暢神情，存青忽然說：「每次聽完我的演講，大家就是這種表情。」「哈，夏川里美是療癒系歌手，你是療癒系演說家。」我開玩笑地說。

琉球之歌，依然在海上飄揚著對和平的祈願。

海人之島

往更深處游去，進入一個陡峭將近垂直的隧道，隧道盡頭的光源，由上而下，散發奇異光芒，浮出水面，這個石灰岩島內側天然形成的洞穴，與世隔絕。在島嶼之「心」，神秘幽靜，充滿了無法言喻的能量……

那霸的國際通就像東京銀座，五光十色的商店匯集，遊客如織，不買紀念品，純粹逛逛也充滿樂趣，其中有一件寫著「海人」漢字的T恤吸引了我的目光，海人？生活在海邊的人，愛海的人？答案揭曉，沖繩方言的「海人」就是漁民，靠海維生的人。

沿著沖繩的西海岸往北騎，海水清澈見底，珊瑚礁、海草和海參，清清楚楚，陽光在水中游走，海面有翡翠、白玉、藍寶石種種不可思議的光澤，經過一個又一個潔白的沙灘和海灣後，不禁覺得能夠在這樣的海，當一個「海人」是多麼幸福的事。

因爲海防及中原文化影響，身在四面環海的台灣卻少有機會親近海，這次環中國海後，也許會眞眞切切變成大海的子民吧。

看了一天海，晚上在恩納村的海鮮餐廳吃飯，簡陋的場地像台灣的洗車場，不過氣氛熱絡，顧客看來都是當地人，老闆標榜「海人」出身，食材新鮮，存青點了味噌魚頭湯定食，滋味鮮美，我點美乃滋焗烤淡菜，吃了一口，存青說我的表情像在說：「廚師糟蹋了淡菜。」一向擅長點菜的我竟然失手，不該輕信黑板上的本日推薦菜。

走出餐廳，天色全暗，詢問女侍可否在外面空地露營，她指示我們往前二百公尺的海邊有堤防，想到可以在海邊露營，興奮不已，騎到她指示的地點卻連海的影子都沒看到。騎到將近十一點，存青看到一棟三層樓的狹長房子，一樓是懸空的車庫，二三樓是住家，內側空地放了很多獨木舟，看招牌上的平假名像是露營區，存青試著喊叫，三樓的燈亮了，一個曬得黝黑的中年男子走下來，像石頭一樣堅毅的男人，他看著協力車及裝備，一臉迷惘。聽了海邊露營的計畫後，沉默地帶路，沿著屋後的小路走了幾分鐘，有一段斜坡可以把車子推上堤防，走到露營的空地後他就回家了。

三更半夜，感激他的帶路，我拿手電筒照明，存青快速搭好帳篷，在海浪聲中，想像清晨的海天一色，心嚮往之，忽然聽到不遠處傳來腳步聲。

「這麼晚還有人來散步？」存青疑惑地說。

「到我家二樓過夜吧，二樓剛整修好打算開咖啡館，還沒開幕。」原來是剛才那位先生和他太太。說實話，很想在海邊露營，但是盛情難卻，互望一眼，迅速拆下帳篷，跟隨他們回家。

隔天早上，拉開窗簾，淡青色雲朵開在海平線上，參差帆影，純淨線條，夢幻甜美的漸層色塊，就像學生時代買的永田萌卡片，一向愛海，迫不及待起床，迎接大海的早晨。

神清氣爽從堤防散步回來，金城先生邀請我們參加「獨木舟浮潛團」，才知道他也是一位「海人」，玩獨木舟三十多年，曾經從沖繩本島划獨木舟到九州，花了二個半月，我們是陸上的無動力旅行，他是海上的，難怪他會收留兩個夜半路過的陌生人，招牌上的「海洋船長」是公司名字，和露營區的平假名相近，所以存青才會誤認。

同樣熱愛無動力旅行，他想與我們分享海上活動的樂趣，就像廚師端出拿手好菜，心領神會。

太想親近海了，美夢成眞，從單車騎士搖身一變成「海人」，穿上防寒衣及救生衣，在沙灘上練習划槳技巧，同行的是來自東京的東洋大學師生。不過，雙人獨木舟沒有想像中容易，我個子高，坐在後座用腳踩著活門掌舵，前進時，前後座同時划槳，和協力車相反，獨木舟的動力主要來自後座，我的手力氣不夠，遠遠落後。

天高海闊，在波濤間奮勇直追，但是前進有限，掌舵的腳要控制方向，即使痠痛也不能移動，看到金城先生隨便划幾下，獨木舟像箭矢一樣飛過，令人羨慕，存

青在前座大聲催促，手早就沒力了，挫折感直線上升，同樣是無動力，獨木舟徒手操槳，協力車至少運用齒輪的機械原理，省力多了……

奮戰一個多小時，終於抵達別有洞天的海灣，金城先生和教練將獨木舟繫在一起，大夥兒涉水到岩壁下的洞穴，享受熱紅茶和金城太太親手做的松子蛋糕。東洋大學的助教暈船，教練扶著他倒立放鬆，存青幫忙按穴道舒緩，然後，臉色蒼白的他躺在一旁休息，幸好，忙著和風浪搏鬥，根本沒想到暈船這回事，接著，教練要大家戴上面鏡準備到「青洞」浮潛。

談到潛水，四年前到泰國南部蘭塔島（Ko Lanta）度假，在原始自然的熱帶島嶼，懷著對海底世界的嚮往，拖著存青報名潛水執照課程，結果，平常怕水的存青輕鬆通過訓練，從小水性不錯又曾經泳渡日月潭，卻因為沒有事先準備有度數的面鏡，必須戴著將近千度的隱形眼鏡潛水，懷著鏡片流失的恐懼感，遲遲無法通過「在水中排除面鏡多餘水分」那一關，學過潛水的都知道，那是為了防止在水中面鏡浸水的自救法，只要在水中稍微掀開面鏡，大力用鼻子吐氣，就可以用二氧化碳擠出水分，耐心的西班牙教授額外教導了兩天，每次掀開面鏡一角，奮力吐氣，水卻文風不動，面鏡內浸滿了水，慌亂浮出水面，嗆到眼淚直流，最後，西班牙教練中肯地說：「唉，你連浮潛都不會，直接考潛水執照，難度太高，等你回去學會浮潛再說。」。

眼睜睜望著湛藍海水，美麗的海底世界伸手可及，卻不得其門而入，看著教練和同學消失在海面，獨自被遺棄在沙灘上，陽光和煦，三兩個穿著比基尼的女郎，看書作日光浴，一派悠閒，躺在椰子樹下的我卻臉色灰白，如一尾擱淺的鯨，即將缺氧而死，人生動盪，早已習慣驚濤駭浪，克服過一道又一道的難關，才走到此時此刻，卻不能再往前一步，難道，這就是我的極限？有生以來，第一次深陷在連一根手指都抬不起來的無力感中，潛水像一座永遠無法征服的高山，壓在胸口。存青對水中活動沒興趣，完全是爲了陪我才報名，天氣太熱，她中暑引發口角炎，嘴巴疼痛不已，卻要在海水中含著呼吸管練習，看我出局，她捨不得報名費，忍痛繼續上課，全是我害的。

故事有一個出乎意料的結局，輕易通過英文筆試後，一同搭船出海，那一天豔陽高照，到達皮皮島（Ko Phiphi）最好的潛點（Koh Bida Nok），存青加入PADI考照班，我由另外一位法國教練帶領，他溫言軟語，答應我不必考試，放輕鬆，純粹欣賞海底世界就好了，下水前還跪下來幫我穿蛙鞋，結果，一跟著他下沉到海底，他比手勢要我把面鏡拿開，作出排水的標準動作，深感受騙的我在海底，孤立無援，身旁一隻溫馴的豹鯊（Leopark Shark）輕巧掠過，銀色豹斑的法拉利，一下子就不見了，仰望穿透水面的日光，看起來很遙遠，要逃也來不及了，心一橫，在海底用力吐氣，作出排水的標準動作，奇蹟似過關了。

緊跟著教練，在能見度三十米的闇藍海底，散布著海膽和黑海參，一動也不動，大型柳珊瑚海貝上方，成群的蝎子魚、喇叭魚和耳帶蝶魚，像行軍一樣敏捷地變化隊形，海百合柔軟的羽枝隨波飄蕩，躲在礁洞的獅子魚探出頭來，又縮了進去，近距離接觸海中生物，目不暇給，卻身不由己，訓練在面罩排水那關就卡住了，還沒學會上升下潛的技巧，眼望著觀察目標，人卻往上飄，教練乾脆拉著我游，隨手指點炫爛華麗的聖誕樹管蟲、蝦虎魚，還有高度警戒的大斑裸胸鯙，一秒鐘消失，以前在電視上看的海底世界總是顯得模糊，忽然變得立體清晰，視野隨意翻轉，在水中如魚一樣自由。

途中，法國教練示意要我把呼吸器拿開，趁機親了我的臉頰一下，讓人哭笑不得。

上船後，迫不及待與存青分享重大突破，卻不敢看西班牙教練扭曲的臉——我眞的不是故意的。

隔天航行到五個石灰岩小島組成的潛點（**Koh Ha yai**），當天風浪較大，船一路搖晃，持續深呼吸，希望保持最佳體能，認眞穿戴器材，下水，卻感覺不對勁，在海底打手勢告訴教練我想吐，他看不懂，反而打出沒問題的手勢，只好強自忍耐，緊緊咬著連接氧氣筒的呼吸器，除了用眼角餘光瞟到藍帶荷包魚和白吻雙帶立旗鯛，其他都只是模糊印象，平安回到水面，再也忍不住了，大吐特吐，海面上飄著一團嘔吐物，抓住錨繩，卸下沉重裝備，狼狽地上船。

吐出來好多了，潛水手冊沒有說明海底暈船的自救法，每個人只有一張嘴，嘔吐和呼吸器，如何兼顧？

←在泰國南部皮皮島（Ko Phiphi）學潛水，欣賞海底的奇幻世界。

喝了存青端來的熱茶，倚在欄杆鐵椅上沉沉睡去，下午還有一次機會，要好好把握。

最後一次下潛，沿著斜坡，到達十八公尺深的珊瑚礁，萵苣珊瑚連成一大片，黃梭魚成群，在海底泥砂上看見海蛇，靈活移動，揚起一層沙，在陸地上怕蛇，在海中卻只看到牠蜿蜒移動的美感，人的心理眞奇怪。

今天的能見度較差，珊瑚礁又擠了一大堆潛水客，阻礙前進速度，無法從容欣賞，在大約十三公尺深，教練忽然拉著我，脫離人群，往更深處游去，進入一個陡峭將近垂直的隧道，隧道盡頭的光源，由上而下，散發奇異光芒，往上方游去，蛙鞋踢起一團磷光，置身寂靜無聲的光道，就像進入了永恆，浮出水面，發現身處一個陰暗氣室中，這個石灰岩島內側天然形成的洞穴，與世隔絕，教練拿下面鏡及呼吸器，我也一樣，呼，鬆了一口氣，石灰岩壁的縫隙隱約透光，海水拍打著岩石邊緣，陣陣濤聲迴盪在如天然音箱的空間中。

島嶼之「心」，神秘幽靜，充滿了無法言喻的能量……緊緊相擁，感謝這份奇妙禮物。

潛水的第一次接觸，收藏在記憶底層，每次回想，就會增添一些當時沒注意到的細節，本來是攸關生死的考試，在法國人無可救藥的浪漫下，卻像是海底花園約會，可能我也是無可救藥的浪漫份子吧！因爲愛，總是會超越自身的侷限，到達原先難以想像的高度。

「你是魚嗎？」帶領存青的教練，看到她氣瓶剩下的氧氣嚇一大跳，一般充滿是二〇〇大氣壓，上岸時，其他人都不到五十大氣壓，她卻還有一百多大氣壓，在水中活動的耗氧量，遠低於常人。

拿到潛水執照，浮潛已不是問題，騎協力車環島時，在花蓮的磯崎，好友Jerry傳授浮潛技巧，加上練了兩年氣功，吐納調息，吸氧量是一般人的二十倍，呼吸深沉持久，果然一下水，就體會到「如魚得水」的快樂。

跟著教練游了一百公尺左右，戴上面鏡，在搖動海草間，看到繽紛熱帶魚，藍黃相間的蝶魚成對悠遊，銀白色梭魚群變換隊形快如閃電，最特別的是「青洞」，洞穴內的海水因爲陽光折射，呈現像翠玉般的色澤，據說從海底往上看，呈現的是寶藍色，不過，小小洞穴擠滿了人，上層的人浮潛，下層的人潛水，就像菜市場，耳畔充滿鸚哥魚啃食珊瑚礁上海藻的聲音。

輕鬆結束浮潛，想到回程的獨木舟之旅，唉，要當「海人」眞是不容易啊！

海洋夢世紀

存青是河流，不斷向前走，永遠流動的人生，以前一直以爲自己也是河流，這次旅行，才發現自己是海，豐富自足，每天有潮汐，淺的海域有珊瑚礁，熱帶魚悠游，深的海域有發光魚，神秘未知……

前一晚在名護市民海灘露營——少數不在飯店內的沙灘，即將下班的管理員讓我們免費露營，使用投幣式淋浴設備，終於達成「在海邊露營」的願望了，沖繩人聽到露營計畫，常露出驚恐表情說：「鄉下很多百步蛇，被咬一口就完了！」不過，從沒遇過百步蛇，卻在國際街看到泡盛裡浸著「危險」的百步蛇，可能百步蛇還比較怕「人」吧。

午夜，走到離沙灘不遠的便利商店，雜誌架前擠滿了日本女生，穿著可愛休閒服，七嘴八舌地聊天，架上擺滿了資料詳盡編輯精美的雜誌書，從《沖繩拉麵一百家》、《沖繩放浪指南》到《沖繩離島攝影集》，提供多元悠閒的異國情調，不愧是一年有五百萬觀光客的渡假島嶼。

早起到海邊散步，忍住下水的衝動，吃過早餐就出發了，想早點趕到「沖繩美麗海水族館」，據說水族館內有全世界最大級的「珊瑚海」水槽，再現多采多姿的珊瑚生態，「黑潮海」水槽提供源源不斷的新鮮海水，創下首度人工飼養三隻鯨鯊的紀錄，對於愛海的我，深具吸引力。

忍著夏末高溫在路上疾行，中午在超市買便當，在收銀台旁站著吃享受冷氣，外面實在太熱了，高達三十八度，午後下過大雨，清涼一點，海上有兩道清晰的彩虹，在沖繩旅行，幾乎每天都看到彩虹，終於明白爲什麼當地人聽到彩虹，一點也不稀奇。

奮力騎到「沖繩美麗海水族館」，穿過重重通道終於到了高達八公尺、寬達二十二公尺的壓克力觀景窗前，仰望身長七公尺的鯨鯊優雅地游過，不是一隻，是三隻，光線從上方穿透海水，灑在鯨鯊身上的斑點，在黑潮洄游的魚群，優雅多采，如同佇立海底仰望，無語，一開口就會灌滿海水，缺氧而必須離開這個寂靜無聲的美麗世界……

當然，那只是我的想像，現場驚叫聲不斷，所有人都爲這幅逼眞的畫面震撼，連連發出讚嘆，尤其是鯨鯊及鬼蝠魟游到正前方，所有人猛按快門，想留下這一幕，等到定時餵食鯨鯊時，身長七尺的鯨鯊垂直吃餌，更是難以形容的震撼，現場鴉雀無聲，大家屛息以待，深怕驚擾了水中的龐然大物。

其實，水族館只是一部份，佔地廣大的海洋博覽公園，還有提供海豚表演的海洋劇場、海洋文化館、海水浴場、鄉土村、熱帶植物園等，單看水族館和海洋劇場就已經花了五個多小時，像以前在德國漢諾威參加世界博覽會，精神亢奮身體疲累，連續不斷的行軍，比騎單車還要辛苦。

走到管理室領回協力車，兩個人意猶未盡地討論鯨鯊，毫不擔心露營問題，隨手記下心中的領悟：「存青是河流，不斷向前走，永遠流動的人生，以前一直以爲自己也是河流，這次旅行，才發現自己是海，豐富自足，每天有潮汐，淺的海域有珊瑚礁，熱帶魚悠游，深的海域有發光魚，神秘未知，海底的地震，引發海嘯。一般人只在沙灘上撿幾顆貝殼，吹一下海風就離開，認識有限。船員、漁夫、潛水夫、海洋學家努力一生也只能了解海的一小部份，到目前爲止，只花了三十多年的時間了解自己，不過是在沙灘上撿了幾顆貝殼，接下來要全力以赴……」。

那一晚，深切體會到我的「環球夢時代」已經結束，接下來是「海洋夢世紀」了，乘風破浪！

→「沖繩美麗海水族館」館內的「黑潮海」水槽，提供源源不斷的新鮮海水，創下首度成功人工飼養三隻鯨鯊的紀錄。

一生感動一生青春

年輕的夢想勇於去實現，很難；一直保有年輕的夢想，更難。當我日益安於家中的舒適，我可以再度上路，無畏旅行的艱辛未知嗎？當我日益了解人性的貪嗔癡，我可以保有人與人之間，最原始的感動嗎？

在日本有一種翻頁日曆，每天一則書法寫的哲理，表現書家的人生觀，按照掛在客廳、臥房、廁所等地點有不同版本（相田美術館發行）——我最常閱讀的當然是掛在「便所」的版本，「便所是修行重要的道場」、「污穢的清理包括身心兩方面」、「一病息災，貧乏神同居」等等，很有意思，有一次翻到一頁寫著「一生感動一生青春」，咻！正中紅心，貼切傳達了這次再度出發的心情。

今天一早走到新里海邊，昨天爲了趕到「沖繩美麗海水族館」，沿途放棄很多下水機會，一直走到離岸很遠的地方，海水只淹到膝蓋，自我安慰，躺著泡海水澡也好，不料海水愈來愈少，連肚皮都露出水面，只好放棄，希望今天有機會享受海水。

出發沒多久，在海岸公路看到路邊有一個牌子寫著「今帰仁城跡」，箭頭指向右邊的山頭，我馬上說：「我想去看。」同騎一台協力車的存青無法反對，兩個人轉向蜿蜒山路，咬緊牙關挑戰陡峭坡度，坐在前面的存青緊緊抓住把手保持平衡，我在後面用力踩踏，全身發熱，接近山頭一個彎路，存青忍不住跳下車說：「協力車太重了，你對古蹟有興趣，你去，我在這裡等你。」她把車子斜靠在路邊護欄，開始作氣功，目不斜視。

以前在歐洲旅行，每次進入美術館或博物館，我看得津津有味，她卻哈欠連連，撐沒多久就跑到出口椅子睡覺，每個人興趣不同，無法勉強，我獨自往上走，大約二百公尺是今帰仁城遺跡，赤日炎炎，買了門票，從修復的「平郎門」進去，發現今帰仁城只剩下斷垣殘壁，就像造訪過的希臘邁錫尼文明和土耳其的西台遺跡，只能從地基猜測當初的規模及用途。

在十四世紀由北山王統治的今帰仁城，是琉球北部的政治經濟中心，和中國有貿易往來，遺址有很多中國的陶瓷器出土，到了十五世紀初，首里城的中山王派兵攻打今帰仁城，滅了北山王朝，統一琉球，城堡就當作地方官官邸，一直到十七世紀薩摩軍（今爲日本九州南部）派兵攻打琉球，火燒今帰仁城，巍峨城堡毀於戰火。

現在，今帰仁城遺跡和首里城在二〇〇〇年一同以「琉球王國的關連遺產群」

登錄爲世界文化遺產。

站在最高的志慶眞門俯瞰，城牆外的山丘青翠，海水湛藍，大自然不變，人造建築卻毀於人爲破壞，翻開世界史，幾乎是連續不斷的戰爭構成，和平是變局，戰爭才是常態，進入二十一世紀，冷戰結束，地區戰火卻一觸即發，文明衝突論、東方主義、民族生存權、自然資源爭奪、強權版圖重整……學者針對國際情勢爭論不休，卻無法拯救無辜受難的平民，現代戰爭使用高科技武器，傷亡人數大增，早已不是以前城堡防禦時代可以理解的恐怖戰役了。

美國作家蘇珊．桑塔格在《旁觀他人之痛苦》（*Regarding the Pain of Others*）一書中提及戰爭和現代人的關係：

「我們每天看電視、閱早報，對世間的洪水猛獸越來越習以爲常。新的科技甚至能提供永不間斷的資訊，只要我們有時間，就可以看到源源不絕的災劫淫暴圖片……人的悲憫之情，早被推到極限，已然痲痺。」（書籍4）

身在台灣，媒體關注的是島內新聞、兩岸情勢、美日動向，對於近在咫尺的琉球和菲律賓，可說是全然陌生，無知是戰爭溫床，如果在沖繩或是菲律賓出現動亂，除了隔岸觀火，事不關己，我們還能做什麼呢？

眞正的文明衝突來自唯我獨尊，西方文明恐懼受到挑戰，排斥其他文明，卻不談文化交流，會帶來分享、互相影響的力量。

日本歷史小說家陳舜臣在《琉球之風》的自序中談到了寫作動機，他說：「我

←通往古宇利島的跨海大橋，橋下方是天然海水浴場。

ASTRAX
KOGA

曾經有段時間，沉迷在絲路裡，就是起因於對東西文明交流這個壯麗羅曼史的沉醉。同時我也感覺到東西交流的主線其實應該是海路，而不在陸路，可是海路的紀錄卻非常少……毫無國界之分的海，不但是運輸物資和文化的通道，同時也象徵著自由。這三部曲（另外兩本是《龍虎風雲》和《炫風兒：小說鄭成功》）也意謂著從海來看東亞歷史。以後，這種觀點大概會逐漸受到重視吧！」

歷史不能改變，但是懷著悲憫，可以有更美好的未來，身為海島子民，希望能走出狹隘的島民心態，與世界交流，像海一樣寬廣、一樣自由。

再度上路，協力車一路下滑，花了五分鐘就回到海岸公路，途中買了野菜便當及百元拉麵（大約台幣三十元），常在雜貨店或是家庭主婦自家經營的攤位，找到這種平價便當，在吳我村的雜貨店買飲料佐餐，這一帶是荒涼寂靜的小漁港，奢華

↑沖繩島上的農作物：甘蔗和地瓜。

渡假氣氛消失了，在堤防吃完午餐，小睡片刻。

沿著北海岸繞了一個大彎，轉進奧武島，發現道路兩旁都是墳墓，怪異莫名，後來才知道那是沒有人住的「墳墓島」，再騎進屋我地島，沿途都是甘蔗田和蕃薯田，貧瘠的紅土上長滿了蕃薯葉，經過一個水果攤，攤位上擺了香蕉和火龍果，瘦小的香蕉外皮爛爛的，在台灣絕對沒有人敢拿出來賣，在這裡卻很昂貴，很久沒吃水果了，忍痛買下。

在台灣常聽到老一輩的說：「以前吃蕃薯吃到怕。」在十七世紀的荷治時期，從福建引進的蕃薯，很快就擴充爲僅次於稻米的重要作物，日治時代末期和光復初年，戰爭造成物資缺乏，白米昂貴，一般人在白飯中加上很多蕃薯才能吃飽，蕃薯葉是青菜也是養豬飼料，直到經濟起飛，吃了太多油膩食物的台灣人，吹起懷舊風，以前俗稱「蕃薯救人無人情」的下等菜，因爲有防癌養生功用，身價大漲。

台灣人常自稱蕃薯仔，自嘲個性憨直，不會計較，像生命力旺盛適應力強卻不受重視的蕃薯，而寶島形狀也像一個大蕃薯。事實上，沖繩人對蕃薯也有類似情感。

蕃薯原產熱帶美洲，輾轉傳到東南亞，福建商人到呂宋經商帶回種苗，適逢一五九四年福建大饑荒，官府獎勵民間大量種植，解除糧荒，十多年後，在進貢船擔任水手長的野國總官從福建帶回蕃薯種苗，琉球多颱風，蕃薯能在貧瘠沙地下生長，不怕風災，既能飽腹又美味，讓深受颱風缺糧之苦的琉球從此不必擔心糧食問題，後來再由琉球傳到薩摩及日本其他地方，因此日本人都稱蕃薯爲「薩摩芋」，即是淵源於此，在琉球則稱爲「唐芋」。

看到蕃薯，特別親切，原來琉球也有這麼多「蕃薯的故事」。途經兩座島，騎到通往古宇利島的跨海大橋，豁然開朗，在那霸採訪東南植物園創辦人大林正宗時，這是他特別推薦的美景，千里迢迢來訪，碧海藍天，一條弧形公路如青龍，延伸到古宇利島。

艷陽照亮了天，也照亮了海，海風吹走一天的燥熱，飄飄然，連綿半島、散布如盆栽的無人島，如三百六十度環繞的立體電影，只有置身其中，才能了解即將迎風起飛的暢快感，兩人同心，協力車如箭，射向古宇利島，抵達對岸，橋下方就是天然海水浴場，潔白沙灘，清澈翠綠的海水，停好車，迫不及待下水。

傍晚天氣涼爽多了，海參及海星散布在海草間，離岸不遠即踏不到底，浮力很強，整個人如一片樹葉，隨著潮水飄盪，一群年輕人興奮地跑到大橋上，跨過護欄，在倒數聲中往下跳，噗咚一聲沉入海中，冒出頭來，得意地游回沙灘，青春奔放的快樂感染了現場的人，不斷有人加入，還有女孩子鼓起勇氣嘗試，伴著尖叫聲往下跳，兩個美國人也在鼓譟下跟著跳，看了很久，不禁衝動地說：「我想去跳。」存青拉住我說：「你太老了。」

「一生感動一生青春」年輕的夢想勇於去實現，很難；一直保有年輕的夢想，更難。當我日益安於家中的舒適，我可以再度上路，無畏旅行的艱辛未知嗎？當我日益了解人性的貪嗔癡，我可以保有人與人之間，最原始的感動嗎？這段時間，發現騎車旅行不是問題，餐風露宿也沒有關係，已經不是發揮潛能完成夢想的階段了，自由的靈魂在亞洲飄盪，會發現什麼呢？

嗯，至於我有沒有去跳水？讓大家猜一下好了。

上岸以後，和歡笑不斷的年輕人排隊，在蓮蓬頭下露天沖澡後，全身舒爽地吃日式咖哩飯，孔子所謂「歌之舞雩」的暢快，將近不惑之年，心領神會，騎車，游泳，沖澡，吃飯，人生可以很簡單。

晚上，第一次在琉球遇到搭帳篷的人，有兩組人馬，一個穿花襯衫戴墨鏡，騎摩托車旅行的中年男子，他的夢想是導演一部有關世界和平的電影，帳篷傳來如雷鼾聲，另外一個大家族，整夜小孩哭叫聲不斷，大人喧嘩談笑，旁若無人，眞是一個熱鬧的夜晚啊。

協力車的極限

沉重協力車往下衝的速度，差不多是汽車車速，前座的人藝高膽大，承擔掌舵重任，後座的人視死如歸，給予完全信賴，兩人默契絕佳，急轉彎更不敢亂動，離心力讓人像是要飛落山谷。

繞經三個島，又回到沖繩本島，北部海岸公路狹窄，大卡車又多，一路心驚膽跳，從源河村轉進山路，縣道十四號就像台灣的中橫，貫穿中部直達東海岸，僻靜山林，幾乎沒有車經過，鬆了一口氣。

然而，山路陡直，滿載行李加上兩人重量，協力車如拖著沉重貨物的老牛，氣喘噓噓，努力騎到傍晚，存青喃喃抱怨：「不要忽然大力踩，要平均使力。」、「如果不踩就下去用走的。」有苦說不出，已到了體力極限，上次在中橫騎協力車上武嶺，都沒有這麼拼命，用意志力苦苦支撐，一定要爬到最高點再休息。

中間不得不下來推了幾次，存青要我在前面扶把手，她在後面推，滿身大汗，存青對照地圖，應該已經到最高點了，再來就可以一路滑行到西岸，卻找不到路標，她走進一間養豬場問路，那位先生表示必須回頭，以為只是錯失了上一個交叉路口，但是跟著卡車走，卻一路回到源河，原來一開始就走錯了。

本以為快到終點，歸零，重新開始，雖然手腳發軟，勉強打起精神往上騎，至少——走在對的道路上，和單車相比，在協力車後座的我要花兩倍力氣，前座的人還要控制沉重把手，大約花三倍力氣，也就是說，我騎協力車三十公里，等於單騎的六十公里，存青就像騎了九十公里，尤其是上坡，速度慢，很難維持平衡，她的中指使力到破皮化膿，騎協力車環球的宇都宮夫婦，一天平均距離是二三十公里，以前總覺得不可思議，現在才了解協力車的極限。

騎協力車像舞獅，前面的人操縱方向，手腳並用，後面的人默默跟隨，雙腳使力，完成這次旅程，存青的鐵臂功就大功告成了。

努力騎到山頂的天仁屋茶館，想喝杯茶慰勞一天的辛苦，茶館卻歇業了，在大榕樹下練氣功及打坐，逐漸恢復元氣，遠望茂密雨林中的蜿蜒山路，心驚膽跳。上路後，果然都是急下坡，沉重協力車往下衝的速度，差不多是汽車車速，前座的人藝高膽大，承擔掌舵重任，後座的人視死如歸，給予完全信賴，兩人默契絕佳，急轉彎更不敢亂動，離心力讓人像是要飛落山谷，只好自我催眠：「這是雲霄飛車，沒什麼了不起。」一百五十公斤的協力車，高速衝向東岸。

東岸的海原始美麗，卻沒有觀光飯店，當地人說東岸風浪大，颱風多，天災限制了發展，沿途盡是小漁村，傍晚，把協力車停在嘉陽村廣場前，雜貨店、小食堂、活動中心，這就是村中最熱鬧的地方了。

存青到海灘的公共廁所淋浴，快手快腳，等到我洗完回到廣場，看到一個滿頭白髮皮膚黝黑像菲律賓人的歐吉桑，雙眼發亮看著協力車，他激動地說，曾看過協力車報導，本想打電話到報社詢問行程，沒想到會在路上遇到。

聊了一會兒，打算到小食堂吃飯，再到海邊露營，他像唐老鴨一樣跳起來說：「等我五分鐘。」然後開車走了，沒多久衝回來說：「那間食堂不好吃，我和太太說好了，到我家吃飯吧。」難以婉拒盛情邀約，跟隨他從出海口轉彎，河道旁有一間寬廣的日式房子，庭院隨意擺放一張長桌，像廟埕的老人聚會所。

「我去過台灣十多次，在台北打高爾夫球。」仲村先生迷戀台灣小吃，有一天胖一公斤的紀錄。他年輕時做過很多事，年紀大了才回到老家種田，他看來亦正亦邪，應該有很多精彩故事，可惜他一語帶過，不想提起往事。

不過，他提起高中趣事，在美軍託管時期，有一位美國老師教他們打棒球，大家感情很好，爲了慶祝聖誕節，老師特別從美國空運冰淇淋，那是他人生第一次吃冰淇淋，永生難忘，三十七年後，那個美國老師回到嘉陽村，登報尋找當年高中生，他和另一個同學有機會再見睽違已久的老師，重溫年少的快樂回憶，過了幾年，白髮蒼蒼的學生也到美國拜訪老師，這一段緣分，他津津樂道。

「那你認爲沖繩應該有美軍基地嗎？」看他無限懷念表情，忍不住詢問熱門話

←年輕的夢想勇於去實現，很難；一直保有年輕的夢想，更難。

GIANT

題。

「美軍是否在沖繩，不應以個人考量，根據國際情勢，駐紮在這裡比較好。」看他汗衫短褲的農夫打扮，回答卻讓人肅然起敬。

「沖繩人很熱情，和台灣人一樣，食物也很像。」他同意我們的觀察，兩地風俗習慣相似，地理位置也近，可惜現在交流不多。

吃完仲村太太的家庭料理——魯雞腿、醃小魚、海菜沙拉，還有梨子和蘋果，當我們表示要到海邊露營時，仲村太太大驚失色，喃喃說了一些聽不太懂的日語，仲村先生起身送行，走到門口，他興致盎然，想嘗試協力車的後座，我下車讓他試騎，存青往前騎，他卻在後面夾著車架跑，不敢跳上車，哈，驚慌逃跑的唐老鴨，再試一次，這次，他學乖了，先坐上座墊，我在旁邊扶著，兩人一起往前踩，騎了十公尺，他一臉驚嚇地下車說：「太危險了。」協力車旅行沒有他想像得容易吧。

過了沙灘，他持續往前走，迷惘地跟隨，七彎八拐，走到一棟百年歷史的老房子，原來仲村太太安排我們住婆婆家，婆婆今天剛好不在，去看望孫子，仲村夫婦的熱心，讓奔波了一天的疲憊旅人，有個歇腳處，獨享一棟老房子，沉沉地睡去。

隔天，仲村先生一大早就來了，帶我們回家吃早餐，仲村太太準備了豐盛西式早點，烤土司、火腿、荷包蛋和沙拉，還有咖啡，仲村先生的弟弟和弟妹也來了，他弟弟長得很像聖誕老公公，純樸的弟弟一輩子都沒有離開過沖繩，認爲住在沖繩最幸福的事就是隨時可以去釣魚，享受海鮮，生活悠閒。輕鬆地享受早點後，和兩家人道別，踏上沖繩最後一段旅程。

後來，存青談到仲村先生，她說：「第一印象是他長得不太好看，一點都不像日本人，但一看他的眼神和笑容，就知道他是面惡心善的人，可以信賴。」仲村兄弟的長相接近東南亞原住民，他們祖先會不會是以前琉球王國貿易盛行時的移民呢？很有可能。

↑嘉陽村仲村先生一家人。

一期一會

人和人之間，如果有共同興趣，那年齡並不是問題。大林阿嬷和我們，一老二少，眞是「一期一會」，以後再見機會不多，珍惜相處緣分。

「一期一會」體現「瞬間」的日本禪，是日本十六世紀茶僧千利休的弟子山上宗二，在《茶湯者覺悟十體》一書提出的茶道守則。

當時，日本是戰國時期，兵荒馬亂，人命如紙，人生際遇難以預料，將軍召來茶師爲即將出征的兵士舉辦茶會，沒有明天的悲傷氣氛，籠罩在茶會上，千利休因而體悟出「一期一會」的茶道精神——把每一次的茶會都當成是一生最後一次——手中的茶杯，茶席的插花，壁上的書法，無一不是爲了表示「餞別」的隆重，讓生命回歸恬靜，到達死亦無悔的境界。

年少叛逆，十九歲離家，二十歲離校，從此踏上顛沛流離的旅程，在日記裡寫下：「太年輕就選擇叛逆的人，注定傷痕累累……」離開家庭和校園的溫室，進入社會橫衝直撞，提早進入了人生的「戰國時期」，兵荒馬亂，人命如紙，在戰場上歷練，直接面對殘酷的生存競爭，人生際遇難以預料，因此，格外珍惜人與人之間的緣分。

從小寄養在親戚家的存青，被稱爲「天公囝仔」，處處無家處處家，心胸開放，沒有自己人和外人的分別，對萍水相逢的朋友，常付出超越家人的關心，自然激發對方的熱情，表現坦率的一面，交淺言深。

因此，「一期一會」的相遇，構成人生旅程的主旋律，一再重現。

＝•

告別嘉陽村興奮的夫妻，再度上路，世界又屬於海風及我，及在前座看地圖的存青，她說：「今天要趕到東南植物樂園，認眞騎。」雖然，每次停下來「橫生枝節」延遲行程的都是她。

沿著沖繩東部海岸線繞來繞去，時高時低，同樣是海，展現千種風貌，途經安部，留意路邊，果然看到「藤崎紅型工房」的門牌，前一天偶然在當地地圖發現的，拜訪當地藝術家，是喜愛的「橫生枝節」，尤其在沖繩，很多藝術家工作坊坐落在風景明媚的地方，掀開棗紅色染布門簾進入，前方是賣場，後面是工作坊，藤崎太太正在用植物染在紗布上爲畫好邊框的圖案上色。

在十四及十五世紀，琉球從中國的朝貢貿易獲得豐盛賞賜，透過轉口貿易獲利，進入大航海時代，一五一五年葡萄牙消滅了麻六甲王國，歐洲各國紛紛東來建立殖民地，東印度公司和艦隊，以國家軍事力量支持貿易，中國本身陷入明末清初的混亂中，無力保護藩屬，兵力薄弱的琉球被迫退出東南亞市場。

而「紅型」是指琉球的彩色染織，在南海貿易黃金時期，琉球人學會中國印花染及東南亞紡紗技術，在琉球獨特地理氣候，蘊育出多彩多姿的紅型工藝，運用在皇室貴族和宮廷舞蹈的服飾，華麗大膽，造型活潑，但在日本強制「廢藩置縣」處分後，琉球王國滅亡，受到皇家扶持的紅型工坊，逐漸沒落。二戰美軍登陸的沖繩戰爭，製作紅型的型紙和工具遭受嚴重破壞，戰後，物資極端缺乏，紅型工坊的傳人城間榮喜，歷經波折，到日本本土蒐集琉球紅型圖案，回鄉利用美軍的廢棄物當工具，推動紅型工藝，在美軍託管期間，針對美軍製作的紅型明信片，大受歡迎，古老工藝重新找到生命，回歸日本後，旅遊業興起，針對遊客，紅型工藝發展出各式紀念品。

「藤崎紅型工房」的主人藤崎眞投入三十多年，夫妻皆是紅型工藝家，住家緊鄰工作坊，正位於岬角突出點，坐擁整座海灣景致，參觀完畢，藤崎太太特地送到庭院，驚奇地參觀滿載行李的協力車，她送上紅型明信片，存青回送自己畫的手繪

←「藤崎紅型工房」的主人藤崎真夫妻皆是琉球紅型工藝家。

コースター
¥600

明信片，並且指著協力車說：「這就像賢伉儷的創作——同心協力。」優雅的藤崎太太起初一愣，接著笑彎了腰，好半天才恢復儀態。

在山和海的交界生活，創作，令人羨慕，不過，背後也付出了不為人知的努力，才能過著天堂般的生活吧！

途經金武，在尋找鐘乳石洞時，意外發現觀音寺，這座十六世紀由日秀上人創建的寺廟，在二戰中幸運逃過一劫，保存了珍貴的木造建築，肅穆古樸，琉球一向有「到中國留學，到日本出家」的傳統，因此，寺廟大多傳承日本佛教，近代日本僧人在琉球和日本之間，往往扮演間諜、使者、武士等複雜角色。

參拜後，在百年蓊鬱老樹的樹蔭下吃便當，存青興致勃勃買門票到鐘乳石洞參觀，回來後，展示她的照片說：「洞穴不大，存放了上萬瓶泡盛，每罐上面都寫了開瓶日期和購買者名字，企業化經營，就像一個古酒圖書館。」參觀過不少鐘乳石洞，卻不知道還有貯酒用途。

而我一個人在蟬鳴環繞的古寺，欣賞屋瓦、屋簷的花卉雕刻，綠葉如傘，暑氣全消。

接近沖繩，大雨傾盆，景觀為之一變，多是人造都市建築，冒雨前進，在車陣中穿梭，偏偏都是陡坡，行進速度緩慢，終於抵達沖繩市時，全身濕透，在閃爍霓虹燈中找路，迎面而來的車燈刺眼，隔著雨幕的車流模糊不清，彎進一條小路，路的盡頭是東南植物樂園，雨停了，遍栽植物的清新空氣撲面而來，有點小感冒，可以趁機好好休息了。

存青原本想要露營，但是植物園沒有露營場地，大林社長安排我們和獨居園內的大林阿嬤作伴，曾經和阿嬤一起用餐，對阿嬤的第一印象是纖瘦時髦，她的打扮就像一個追逐時尚的少女，完全不像一般七十歲長者，看來害羞，說話卻直接突兀，不擅應對。

「我媽媽只對健康有興趣」大林社長事先警告，她的慎重表情似乎暗示阿嬤不是一個容易相處的人。

人和人之間，如果有共同興趣，那年齡並不是問題。平日熱愛養生的存青和阿嬤有談不完的話題，一向注重健康的阿嬤幾年前得到肺癌，康復後，她反而很感謝那次癌症，讓她更懂得健康的重要。

↑注重健康養生的大林阿嬤。

早上一起到植物園運動，阿嬤慢跑，我們做氣功，三餐吃養生料理，看我們樂在其中，喜出望外的阿嬤特地介紹「大根之花」養生餐廳，所有食材標榜有機天然，註明療效，包括低脂豬腳、深海魚生魚片、海帶芽醋、有機巧克力火鍋、野生茶、水雲（沖繩特有的髮菜）等等，阿嬤怕我們吃不習慣，顯得忐忑不安，飲食清淡的存青誠摯地說：「這是我在沖繩吃過最好吃的料理。」受到父親影響，從小講究美食，很排斥淡而無味的養生餐，那一晚，也吃得津津有味。

阿嬤每天下午去洗岩盤浴，她看我們環島回來，沒時間休息，從早到晚忙著趕稿、整理照片、聯絡船班，顯得精神頹靡，決定讓我們放鬆一下。「岩盤浴」號稱是沒有水的溫泉，躺在加熱的天然礦石上，照射遠紅外線，據說可以提高免疫力、促進新陳代謝、美容健身，最近在日本風行一時，阿嬤孤獨地走在「追求健康」這條路上，難得遇見同好，像樂於分享玩具的孩子，洗完岩盤浴，又安排全身按摩，還在櫃台買了兩瓶健康飲料，細看標籤，原來是台灣進口的奇異果果汁，飄洋過海，馬上身價百倍。

總是被我嘲笑像「退休老人」的存青生活規律，個性單純，熱愛大自然，喜歡運動，幾天後，阿嬤忍不住發出「這麼年輕就懂得養生，以後不得了」的讚歎。存青從小生活環境複雜，看盡人性，懂得察言觀色，二十歲那年到東京遊學，半工半讀，在亞洲繁華大城市卻看到背後的空虛，眼界大開。在台灣則有處理不完的「家事」，艱難求生，早已練就一身本領，在世界遊走，反而輕鬆，她聽阿嬤的人生故事，隨口回應親身經歷的故事，我則以大歷史角度研究分析，見機隨意勸解，阿嬤聽得如癡如醉，年過七十的她竟然說：「上輩子修的福，才能與你們相處三天。」

一老二少，眞是「一期一會」，以後再見機會不多，珍惜相處分。

臨走前，負責照料三餐及家務的金蘭，自掏腰包買了五個飯糰塞給我們，說話直爽的她是花蓮壽豐的阿美族，跟著老社長一起到沖繩打拼，就此定居，這幾天，她在廚房煮飯，我們在餐桌工作，常常聊天，就像「工作夥伴」。

連續幾日，陰雨綿綿，東南植物樂園顯得欣欣向榮，阿嬤的關愛，讓我們恢復元氣，訂好往九州鹿兒島的船票，大林小姐剛好有客人，阿嬤擔心我們回那霸沒地方住，代訂了平價旅館，在國際街附近，乾淨舒適，還拿信封裝住宿費，代表她的祝福，上面寫著：

「存青和心靜祝一路平安 旅途愉快！ 阿嬤 2007.9.12 With a lot of Love.」

離開那一天，阿嬤、金蘭及大城小姐，依依不捨地道別，不忍心看她們的表情，奮力踩踏，往那霸前進。

後來，陸續在九州、韓國、杭州和台中打電話向阿嬤問好，最後，她總是欣喜地說：「你們眞是好孩子！」一期一會，人生際遇難以預料，更要珍惜當下。

花火大會

回顧這次沖繩之旅，和沿途遇到的人交會，就像花火大會，有的短暫如衝天炮，一照亮天空就錯身了，有的如仙女棒，小小火花持久燃燒，沒想到在離開沖繩前，執意探訪識名園，卻引發了壓軸好戲，高潮不斷……

一

「花火」是日語，表示煙火，如花盛開。

一九九〇年，初踏上旅程，走在陌生街道，聽著陌生語言，一切都是新的，就像萬物還沒命名的洪荒，喜孜孜地走著，朝向未知，不斷有人加入，擺了自售農產品攤位的轉角，貓盤踞在牆頭曬太陽的松樹院子，清脆風鈴聲的集合住宅螺旋梯，男男女女走出來，男人大都是白底藍字的浴衣，腰間綁上一條深藍腰帶，腳上蹬著木屐，女人像花蝴蝶，翩翩飛舞，尤其是少女，從髮飾、化妝、和服、鞋子，到手上的小提包都有講究，刻意裝扮，匯成深深淺淺的花海，熱鬧綻放。

跟著人群走到河堤空地，傍晚，暑氣未消，水泥地熱熱的，存青的日語老師平井小姐拿出墊布鋪在地上，我們先到她的住處集合，再一起前往，年長的她舉止比學生可愛，她特地準備壽司，招待外籍學生和學生從台灣來的朋友，我自修的日語不太靈光，吃吃喝喝，卻一點也不陌生。

晚上，寬廣河岸開始放煙火，先是衝天炮，一飛衝天，碰一聲消失，接著煙火一圈圈發散，眼花撩亂，來不及驚歎，又有新的花樣，最後一輪，從兩邊開始燃燒，一直延伸到山頂，形成完美的富士山錐形，衝向四方，又從中心綻放，連環爆發，最後的壓軸戲太精彩了，在場的人熱烈鼓掌。在亞洲時尚流行中心，參加傳統慶典，擠在百萬陌生人潮，第一次碰觸異文化，年輕急著高飛的心，狠狠烙上了一記，從此，將近二十年，生活的主旋律圍繞著旅行，沒有盡頭的旅行，辛苦踩踏，不停地往前走，到底在追尋什麼呢？

那一晚，是日本夏天的最高潮——東京隅田川花火大會。

＝•

走進那霸的識名園，遊人稀少的冷門景點，沖繩朋友說「沒什麼好看的」，基於對東方園林的偏愛，執意前往。

一進門，榕樹盤根錯節的根，緊緊抓住沖繩貧瘠的泥土，兩百年了，生龍活

虎。

看過位於石川縣金澤市的兼六園（與後樂園和偕樂園名列日本三大名園），那是江戶時代池泉迴游式庭園的代表作，極盡巧思，華麗精緻，相比之下，識名園簡樸，如同未染脂粉的少女，中國式拱型石橋和六角涼亭是稍稍揚起的眉尾，育德泉和爬滿植物的石圍籬隱身在池端一角，似酒窩，庭園中央的水池如一汪靈動的眼眸，大片的天光白雲蒼樹，倒映在水中，波光灩瀲，更添清麗。

日正當中，坐在十五個木造房間相連的御殿，哪裡也不想去，水墨的留白，是廣闊的天、迷濛的霧，亦是洶湧的浪，生活，尤其是旅程的留白，格外讓人珍惜。一眼就看出御殿是園內視野最好的休憩點，可喜無人打擾，閒坐一下午，賞景、靜坐、沉思，奢侈享用琉球王國的皇家園林，想當初傾國接待冊封使的盛況，辦茶席、樂童演奏、吟詩作對，遠道而來的中原文化，落腳海島，綻放出風貌多變的奇葩。

從中國傳來的「三線」樂器在朝貢貿易中扮演重要角色，搭著「御冠船」前來的中國冊封使，一行五百人在琉球派駐五到八個月的時間，公開的宴會就有七次，出於宮廷宴會的需要，琉樂得到充分發展，識名園就是當時的國家音樂廳。

「你們是學生嗎？」「不，都是歐巴桑了。」一個紅光滿面的老先生走過，又回頭打招呼，他親切地拿出名片，原來是沖繩大學人文學院院長緒方教授，主要研究客家文化，看到年輕人喜愛古蹟，充滿好奇。

→（上）琉球王國的皇家園林——識名園。
（下）巧遇沖繩大學的緒方教授和友人。

「我在報上看過協力車新聞哦。」另外一位剪平頭充滿喜感的中年人Momo，是《琉球新報》專欄漫畫家，他們倆正合作一本漫畫，介紹日本名列聯合國世界文化遺產的古蹟，特地來識名園考察。

「我要把你們畫入漫畫裡。」「太好了，從小愛看漫畫，沒想到有一天會變成漫畫人物。」萍水相逢，往往第一眼就注定了彼此的緣分，前三分鐘的關鍵時刻，沒有擦出火花，往往就擦身而過了。早年在日本唸書的存青深諳日本人個性，我則廣泛閱讀日本文學，在文化交流的舞台，熱烈交流。

「你們知道那霸有媽祖廟嗎？如果有興趣，明天我帶你們去。」剛到台灣參加世界客家大會的緒方教授，主動邀約。

一般日本人保守拘謹，島國性格強烈，他卻是海人，開放包容，難得遇到這樣的人，一口答應——海人在沖繩本是漁民的意思，此處借用來稱呼有多元文化經驗的人。

海人和漫畫家走後，繼續坐在門廊納涼，綠得發亮的庭園，空無一人，門票上印著冊封使一行人，浩浩蕩蕩，走向首里城，帶來文化和朝貢貿易，扶持琉球王國五百年輝煌。如今，物是人非，茶室空空蕩蕩，只剩四處巡行的風，三弦絲絨般的樂音早已消失，三線變成沖繩人人會彈上一曲的庶民樂器，街上隨處可見用蛇皮製作三線的店鋪，而亞洲年輕人從夏川里美的歌曲認識三線，當她抱著三線，自彈自唱成名曲「淚光閃閃」時，那種撫慰心靈的穿透力，唉，你要自己聽才能了解。

三・

早上，沖繩發布颱風警報，預告晚上在那霸登陸。

中午，海人騎一台老鐵馬出現，我們致贈台灣文化影碟和金萱茶，他驚喜收下，邀請兩人下午到電台接受採訪，他的學生在電台工作。

出發不到五分鐘，忽然大雨傾盆，有一點颱風跡象了。

在颱風天騎車，大概就這三個瘋子了，我開心地說："It's an adventure."灰髮的海人受到感染，興奮莫名，在國際通的雨棚下躲雨，樂不可支。

等到雨勢稍緩，他先騎到那霸若狹區，沒落陳舊的街道，可看出昔日繁華。

在福州園對面的久米村紀念碑停下，他詳細解說，六百年前，明太祖下令福建的三十六姓——精於造船和航海的家族移居琉球，協助琉球王國建造大型船隻，渡海而來的閩人建立了久米村，事實上，久米村人不僅造船，充實典朝制度，也是貿易人才，輔佐人少地貧的琉球，透過明清兩朝的朝貢外交，取得免稅的貿易特許權，在中國、日本、南洋之間通商，取得豐厚收益，創造輝煌文化……（論文集2）

存青忙著拍照，我一個人聽解說，可恨日語不精，很多專業辭彙無法了解，只能猜測大意，留待日後查閱資料了，不過，置身歷史現場，解讀過去的興奮感，就像中了樂透。天生對知識不懈的素樸追求，表現在旅途中，就是不論多麼疲累，隨時閱讀、思考、筆記，曾經有人問：「旅途中的文章，那些專業知識怎麼來的？」單車旅行不方便帶書，身爲「食字獸」，那完全不是問題，連隨手撿到一張廣告單，都會認眞研究，掃描一遍才會罷休，腦中資料庫龐大，過目不忘，輸入關鍵字連結，很容易找到答案。

騎到鄰近孔廟，眞的有媽祖，供奉在左側的天妃宮裡，正中央的大成殿供奉至聖先師，右側的明倫堂是琉球最早的學校，供久米村子弟就讀，再從中選拔優秀學子，渡海到福州琉球館自費勤學，或是南京國子監當官生，進修「讀書習禮、曆法、科律、漢方、風水」等科目，歸國後大多擔任進貢船或是接貢船的翻譯，朝中受人敬重的正議大夫大多出身九米村（論文集3）。

海人走到位於大成殿後方山坡，指著署名「程順則」和「蔡溫」的頌德碑，滔滔不絕介紹這兩位儒者，他們先後爲久米村儒學奠定基礎，影響力擴及日本，尤其是蔡溫，兼具政治家和科學家的才能，運用在福州學得的風水理論，對琉球的林業和農田水利，貢獻良多。（論文集4）、（論文集5）

一個熱心教授，一個虛心學習，在佔地不大的孔廟，檢視琉球儒學的發展，不亦樂乎！此時，看到兩位老婦人準備沉香、白米和米酒，在至聖先師前，虔誠祭拜，出身中文系，看到沖繩人把孔子當神明祭拜，深感不可思議。聯考前，很多家長都會帶著考生來此祭拜，原來在沖繩，孔子主管功名，台灣一般由文昌君代勞。

「隔壁的神社香火鼎盛多了。」走出孔廟，海人不甘地說，擁有悠久歷史的孔廟，在日本政府長期壓制乃至去除充滿中華文化內涵的琉球文化，代之以日本的同化教育，推行一百三十年後，孔廟早已不復舊日盛況，門庭冷落。

↑位於那霸市的孔廟和媽祖廟。

中午，到若狹區有名的「嶺吉食堂」吃飯，老店擠滿了人，一位難求，久候的豬腳拉麵，手工拉麵有勁道，長時間燉煮的豬腳入口即化，湯頭香濃，果然是美味的道地小吃。

「我的祖父是孫文先生的朋友。」海人忽然透露，一口麵差點呑不下去，原來他是國父日本友人的孫子，孫文先生宣揚革命曾經以日本爲基地，這是人盡皆知的史實，不過，不是每個人都可以和近代史名人扯上關係的。

下午，風雨更大，看來沒辦法騎車到FM21電台了，把車子騎回旅館，改搭計程車，大雨中，抵達山上的電台，從錄音室的大玻璃窗俯瞰，那霸市區風雨飄搖，樹枝劇烈搖晃。

節目主持人是來自台灣的歌手——林美伶，爽朗的她是花蓮阿美族，早年父親跟隨老社長到東南植物樂園工作，全家因而移民，她擅長日本和台灣老歌，在異鄉闖出一片天。訪談過程中，日語、國語、英語滿天飛，主持人風格活潑歡樂，現場直播的一小時節目，像搭雲霄飛車般，你來我往，一下就結束了。

節目結束，看到窗外呼嘯的風，阿美族主持人決定順路載我們回市區，在小車狹窄空間內，當她得知海人只因爲前一天的一面之緣，今天盛情接待，受到感染，決定擔任司機，奉陪到底。剛好強烈颱風登陸，她與朋友的聚會取消，我們原來要去聽喜納昌吉演唱也取消了，因緣際會，這群人註定要共度今宵。

一車的人，懷著脫軌的刺激感，往海人推薦的居酒屋前進，途中，談起剛看完

←琉球王室後裔知念政雄經營的「人人居酒屋」和美味的沖繩料理。

好萊塢電影「秋月茶室」，片中沖繩人的鄉土樸拙，對上美國軍人的僵化刻板，引發笑料不斷。到那霸的第一天經由朋友介紹，還見過影片真實主角的女兒，沒想到海人也看過那部老電影，他還指出茶館遺址在若狹區，阿美族主持人住在當地多年，從來沒聽過那部電影及茶館，看大夥兒津津樂道，你一言我一語，好奇心大增，於是，小車回頭衝向若狹區。

在一個像小公園的地方下車，撐著快被狂風吹走的雨傘，走到雜草叢生的小山丘，很難想像這裡就是以前接待美軍歌舞昇平的茶館，另一頭，有一間豪邸，大門內，迎面一道長階梯直達二樓，右側的乳白色大理石牆上掛著「松乃下」的招牌，此外，什麼也看不到，猜想這是女兒居住的地方了。

前一天特地在旅館借影碟來看，萬萬沒想到在颱風夜找到真實場景。

深夜，狂風大作，風吹得車子搖搖晃晃，路旁樹枝被吹斷了，海人指引阿美族主持人開車到國際通，下車，街道淹水，冒雨衝進「人人居酒屋」，人人濕了一半，走進位於地下室的餐廳，就像進了船艙，低垂天花板，整棵樹幹做成的柱子，吧台厚重的木製桌椅，木頭帶著長年擦拭的光澤，沖繩老照片、唐獅子、塑膠花擺設，年代久遠，我們是唯一的客人，安坐在包廂，躁動的心倏然沉靜下來。

海人特別介紹留著斑白長鬚的主人知念政雄，他是琉球王室的後裔，存青比對首里城的末代皇帝畫像，果然相似，如果百年前日本沒有揮軍琉球「廢藩置縣」的話，知念先生也是皇室貴族，在首里城接待外賓了。歷史不能重來，人生際遇難料，不管外面的風雨、過去及未來，天南地北，偶然相逢的一群人，喝著泡盛，享受沖繩料理。

回顧這次沖繩之旅，和沿途遇到的人交會，就像花火大會，有的短暫如衝天炮，一照亮天空就錯身了，有的如仙女棒，小小火花持久燃燒，沒想到在離開沖繩前，執意探訪識名園，卻引發了壓軸好戲，高潮不斷，偶遇緣分，海人卻像大浪一樣熱情，從中午到半夜，長達十二小時的「花火大會」，終於將近尾聲，眞是一個漫長盛大的美麗煙火啊！

【附註】

1. 沙巴尼：琉球人對獨木舟式漁船的稱謂，從事遠距離航行時，可將數艘「沙巴尼」聯結以求安穩，迎接冊封史就用上了四沙巴尼組成的聯結船。
2. 奈良河上的鷺鷥：日本史學家伊波普猷對戰敗後兩屬時代殖民地琉球的稱謂，指出漁夫（日本）在鷺鷥（琉球）的頸上繫繩，讓鷺鷥在奈良河（大明）捕魚後無法吞食而全數悉繳的操控關係。

【書籍】

1. 又吉盛清《日本殖民下的台灣與沖繩》，一九九七年十二月前衛出版社。
2. 大江健三郎《廣島‧沖繩札記》，二〇〇二年六月河北教育出版社。
3. 陳舜臣《琉球之風》，一九九四年一月遠流出版社。
4. 蘇珊‧桑塔格著、陳耀成譯《旁觀他人之痛苦》，二〇〇四年十月麥田出版社。

【論文集】

1. 林滿紅《東亞海域上的琉球與台灣》、《中央研究院週報》，二〇〇六年第一〇八四期。
2. 孫歌《觀察日本的視角》、《讀書》，二〇〇八年第五期。
3. 呂青華《琉球久米系門中会の調査研究——久米村人の分布及びその社会組織を中心に——》，韓國ソウル大学人類学科にて，二〇〇六年。
4. 《池田溫從《梅花百詠》看日中文學交流》浙江大學學報人文社會科學版，二〇〇三年〇五期。

5. 上田賢一《琉球對儒學的受容》，台灣東亞文明研究學刊第三卷第一期二〇〇六年。

6. 林泉忠《「祖國」的弔詭——「現代衝擊」下沖繩身分的「脫中入日」現象》，政治大學國際關係研究所編，《中國大陸研究》第五十卷第一期。

【新　聞】

1. 劉黎兒《大阪地院認定沖繩集體自殺訴訟「軍方深度關涉」，大江健三郎等勝訴》、《新新聞周報》，二〇〇八年四月三日。

2. 記者孟登科實習生陳伊瑋《鄧麗君：一代中國人的初戀》、《南方週末》本文網址：http://www.infzm.com/content/21063，二〇〇八年十二月十日。

【網　頁】

1. 蔡雅雯《沖繩音樂散步》（中文）。http://www.treesmusic.com/article/317_01.htm

Part 2

屋久島

屋久島因爲「保留完整的數千年屋久杉森林植被」名列世界自然遺產，島上只有一萬四千人，卻有兩萬頭屋久島猴、兩萬頭屋久島鹿，超過兩千年的屋久杉也超過兩千棵，九成土地是覆蓋森林的山岳，有「海上阿爾卑斯」之稱。

繩文杉的召喚

背著行李經過八個半小時的攀爬，腳步蹣跚，終於抵達繩文杉，估計有七千兩百年的神木，一九六六年才被外界發現，山嵐迷霧中，繩文杉的翠綠雄偉依稀可辨，吸收日月精華的森林之王屹立不搖，吐納七千年的呼吸。

十多年前，在東京看過一張「屋久島七千年神木——繩文杉」的照片，畫面幽冥深綠，太古時代生存至今的巍峨老樹，像無數精靈活躍的神秘場景，觸動了莫名想望——有生之年一定要親自造訪——匆匆一瞥，位於日本九州南端的島嶼，卻像世界的盡頭，遠在足跡之外，不知道何年何月才能成行。

遠離東京的邊陲小島，卻剛好位於沖繩到九州的轉運站——鹿兒島外海六十公里，這次環中國海的行程，從南往北，正好順道一訪屋久島，了卻多年心願。

不料，在那霸上了輪船後，慘遭「颱風尾」的風浪肆虐，躺在劇烈顛簸的船艙，上吐下瀉，昏昏沉沉中抵達鹿兒島，下了船，感覺腳下世界還在搖晃，看下一班往屋久島的船，必須「在船上過夜」，頭昏目眩，決定在鹿兒島停留一天，隔天再走，以協力車為舟，在城市漂流，傍晚到公共澡堂，泡得全身熱呼呼的，在碼頭找了一處隱密地點露宿，以夜為幕，鑽進睡袋沉沉睡去，醒來，精神好多了。

再度上船，汽船經過壯麗的櫻島，活火山上方點綴著白雲，風和日麗，從錦江

←屋久島七千年神木——繩文杉。

灣吹來的風，點燃雄心壯志，終於要抵達這個夢想已久的島嶼了。

屋久島因爲「保留完整的數千年屋久杉森林植被」名列世界自然遺產，島上只有一萬四千人，卻有兩萬頭屋久島猴、兩萬頭屋久島鹿，超過兩千年的屋久杉也超過兩千棵，因此，當地人把一千年以上的杉樹稱爲屋久杉，不足一千年統一稱爲「小杉」，面積五百平方公里，方圓一百三十公里的圓形小島，平均高度卻有一千公尺，九成土地是覆蓋森林的山岳，有「海上阿爾卑斯」之稱，登山健行是體驗屋久島最好的方式。

一般日本人都是參加高山嚮導帶隊，從荒山登山口當天來回的行程，這是我們日落時分還在趕路，遇到大批下山登山團才了解到的事實。初次到訪，聽從屋久島朋友歐君的建議，自行攜帶睡袋、睡墊及兩天份食物，計畫白谷雲水峽出發，步行到楠川叉路轉入安房步道，再從大株步道入口往上爬，到繩文杉附近的高塚小屋過夜，有充裕時間探訪繩文杉。

屋久島號稱「一個月有三十五天下雨」，雨量驚人（論文集1），尤其是白谷雲水峽遍布溪流，一走進去即可以感覺到充沛水氣，潺潺溪流聲不絕於耳，啁啾鳥聲不時伴奏，觸目所及皆是溼答答的綠，苔蘚地衣攀藤植物爭先恐後纏繞樹幹，層層疊疊密集覆蓋地面，織成一張厚厚的毯，彷佛回到二疊紀時期，陰暗幽深，有一種遠古的蠻荒氣氛。

難怪宮崎駿的動畫「魔法公主」會到此地取景，片中述及日本室町時代，傳說山獸神居住在森林深處，那兒有一池清澈湖泊，雲霧繚繞，祂白天以金色巨鹿、狒狒臉和鳥腳的形象現身，夜晚化身成螢光巨人，在月光下漫步，擁有掌管萬物生死的能力，不料，居住在工業城的人類爲了製造火器和鐵彈到森林開採木頭和鐵礦石，與守護森林的山豬神和狼神，爆發激烈衝突，死傷慘重，有一天，一隻山豬神身中鐵彈，劇痛中對人類的憎恨熊熊燃起，自我吞噬變成了邪魔，變形的邪魔盲目狂奔，闖進了避居東北的蝦夷族，蝦夷王子阿席達卡爲保護躲避不及的少女，射箭除害，卻受到不治之症的詛咒，神婆占卜後指示他前往西方，尋找邪魔的起因才能破除詛咒，故事就從這裡開始……

當時，還沒看過「魔法公主」，不知道眼前絕美森林，正是人獸大戰上演的神秘場景，走了半天，陽光照亮遠山，經過層層樹冠，踩在腳下卻只是細碎光點，中午在白谷山莊吃飯糰，喝麥茶，名爲山莊，只是一間簡陋木屋，空無一物，休息一會兒，繼續往前走，森林更加稠密了，杳無人煙，只聽到自己的腳步聲，忽然，一隻屋久鹿現身在左方的三米高處，身上的毛皮斑點就像灑在枯木上的陽光，站定不動，敏捷母鹿像施展隱身術，一下就不見蹤跡了，森林又恢復了寂靜，兩人驚喜未定，熱烈討論，以前在瑞典的維納湖畔，親眼看過笨重的長角麋鹿（Moose）和靈巧的狍（Roe deer），永生難忘。

看過台灣第一部水鹿生態紀錄片「逐鹿蹤源」，投入九年艱苦拍攝的紀錄片，揭開台灣山林王者之風的神秘面紗，喚起生態保育重視，二年後，學者研究，飽受

人類濫捕威脅的台灣水鹿，已經成功復育一萬多隻，活躍在高海拔山區的美麗動物，或許以後有機會……此時，一個高個子年輕人匆匆走過，他拋下一句話：「如果想去繩文杉，有點晚了。」

悚然一驚，本來慢慢走，享受風景，馬上快馬加鞭，天色漸暗，連一半的路都還沒到，接近楠川叉路時，右前方出現了一隻屋久鹿，大型公鹿頭上的鹿角壯闊優美，身材威武，在薄暮中低頭吃草，一聽到聲響，一下子就消失了。

終於走到楠川叉路，轉入由安房森林鐵道改成的安房步道，路旁有三代杉——在砍伐或是自然傾倒的杉木上，種子發芽長成小杉稱作二代杉，經過二代輪迴就稱爲三代杉，「倒木更新」和「切株更新」讓森林週期運轉，匆匆一眼，繼續往前走，遇到大批下山的登山隊，高山嚮導看到逆行的外國落單女子，臉色大變，急急詢問計劃和裝備，確認後憂心忡忡地分手。

終於進入大株步道，天色昏暗，不見人影，踏著溪流石塊和樹根往上走，霧氣四處飄蕩，沐浴在難以言喻的氣場中，對繩文杉的渴望，支持疲憊的腳步——如同「魔法公主」中無數可愛的小精靈，站在樹梢，迎風盼望山獸神的到來。

一一探訪翁杉、大王杉、夫婦杉，海拔五百公尺以上的千年神木，大神木上還有十多種樹木寄生，綠意盎然，在斜坡上彎曲生長的大王杉，在繩文杉發現之前，原是屋久杉神木之首，因爲木質不佳逃過砍伐命運，樹上還有江戶時代遺留下來的試切痕跡，像《莊子》書中以不材得享天年的山木，有「不用之用」，雖然現在失

→屋久島因為「保留完整的數千年屋久杉森林植被」名列世界自然遺產。

去了大王寶座，大概也不在意吧，沿途三代木堆疊生長的奇景，詭譎糾結，就像大型三義木雕。

背著行李經過八個半小時的攀爬，腳步蹣跚，終於抵達繩文杉，估計有七千兩百年的神木，一九六六年才被外界發現，山嵐迷霧中，繩文杉的翠綠雄偉依稀可辨，吸收日月精華的森林之王屹立不搖，吐納七千年的呼吸。

↑（上）屋久島鹿。（下）屋久島猴。

深深了解爲何島民信奉「屋久杉爲栖神之樹，不得砍伐」，島上聚落至今有「岳參」（朝山）的習俗，定期到山頂祭拜山神，祈求闔家平安，人和自然共存的文化，是屋久島聚落的傳統。藏在森林深處的神木，雲霧繚繞，在繩文杉的夜色和晨光中，空無一人，獨享空山靈雨。

宮崎駿創造了代表大自然威力的「山獸神」，在屋久島的民間故事中早有一個神秘的「山姬」，她是活躍深山的木精，穿著紅色和服，擁有一頭剛浴罷閃閃發光的飄逸長髮，「山神祭期間絕對不可入山，否則會遇到山姬。不小心見到山姬一定要搶先對她微笑，要不然會被吸血，某某人就是因此逃過一劫。」這是屋久島民告誡小孩的「親身經驗」。

早在一八七四年，政府制定屋久島憲章，全島面積的九十五％變成國有地，山林的九十八％變成國有林，島民禁止開發山林，低海拔林業的砍伐也以留下母株的永續方式經營，但是，從江戶時代（一六〇〇年到一八〇〇年）開始的國有林業，配合戰後復興的經濟需求，在一九六〇年達到巔峰，經過大量砍伐，島上僅存三〇％的原始林，發現繩文杉，是啓發當地環保意識的重要契機。

當時，全球木材需求大幅增長，中央政府計劃在屋久島高海拔原始森林，砍伐屋久杉出口，島民與地方政府強烈反對，積極到中央遊說保育政策，但在巨大經濟利益下，中央政府僅同意保留部分森林，仍然希望開發高價森林資源，雙方僵持不下。歷經十多年陳情，國家公園陸續設立，屋久島在一九九三年列入聯合國世界自然遺產，終於促使林業開發政策改成森林保育，屋久杉採伐完全禁止，島民自發的環保活動，保存了約一千五百公頃日本現存最古老的森林，留下一座「人與環境和諧共生」的青翠島嶼，現在對登山者的環保規範也徹底執行，隨處可見指示牌，例如：不可生火或使用爐具，使用生態廁所或自備環保袋帶自己的「黃金」下山等等。（網頁1）、（網頁2）

取材自屋久島的「魔法公主」是一部史詩電影，在遠古世界，人、獸和神之間，毫不容情爭奪主導權，文明和自然，處在兩個極端的對立面，連年交戰，引起世界末日般的反撲……然而，處在漩渦中心的阿席達卡就像一個和平使者，勇敢慈悲，神婆在他離開村莊那晚，告訴他：「到了西方，要以澄澈的目光看待一切事物，也許就能夠找到活下來的方法。」

活下來，才有希望，但是要活下來，必須擁有「澄澈的目光」，這是宮崎駿透過動畫施的魔法，也是繩文杉給屋久島、給我們帶來的啓示。

隔天下山，沿著以前載運木材的安房鐵道走，這曾經是一條插入屋久島中心的血路，引進機械化砍伐，一棵棵千年屋久杉倒下，源源不斷運送出口換回外匯，滋養戰後的日本，經過在地人長久請願，現在，轉變成一條愛山者的安房步道，登山者懷著對森林的崇敬入山，以「澄澈的目光」仰望繩文杉，途中經過伐木工人聚落和小學，早已人去樓空，記錄那一段沒有贏家的歷史。到達荒川登山口，雖然疲憊不堪，兩腳痠痛，但是經過芬多精及負離子的洗禮，身心舒暢。

想到台灣的蓊鬱山林，曾經讓人驚歎「福爾摩沙」的美麗島嶼，奇蹟似地承載了二千三百萬人的生命，但是，歷代統治者爲了短利，已經砍伐台灣百分之九十的檜木林，以珍貴神木賺取外匯，農林業扶持工業，導致現在颱風過境，失去森林覆蓋的山地動輒引發水災和土石流，那不是天災，實是人禍。

第一次踏上旅程，是在大一寒假健行北橫，那是一九八九年，二十多年前，拉拉山的檜木林，面積廣達六三九〇公頃，是屋久島杉森林的四倍，走進林道，整座山都在冒出氧氣，尤其有二十二棵超過千年的紅檜神木，藏在雲深不見處的山中，就像身負絕世武功的高手，雄偉奇崛的身形，令人敬畏，散發的清香，卻令人如沐春風，那時，剛好是春節前一週，幾乎沒有其他遊客，奢侈地徜徉在台灣特有的珍貴原始林。

目前，台灣僅存兩處由台灣扁柏和紅檜構成的檜木林，一處位於台東大武山，一處位於新竹、桃園及宜蘭交界的棲蘭山，前者在一九八八年設爲自然保育區，加上交通不便，檜木林較少受到破壞，後者卻一直受到人爲砍伐的威脅，台灣保育團體在一九九八年發起「搶救棲蘭山檜木林」的活動，獲得各地教育、文史、社區、社福、宗教等民間團體、學校與個人的支持，共同呼籲政府停止砍伐天然林，多年奔走呼籲，促使馬告檜木國家公園草案通過，國家公園將於二〇〇九年六月正式成立，千百年來安居台灣的檜木，終於可以免受斧伐之刑了。(論文集2)

雖然，經過多年努力，屋久島森林受到國家公園的法令保護，在撰文的此刻，收到朋友寄來的影片，顯示屋久島大片森林正遭受黃色信號程度的汙染，經過科學家研究，北京和天津等沿岸工業城市的污染，經過冬季季風吹送，飄到屋久島上方，在降雨充沛的屋久島，形成酸雨落下，目前，還在尋找解決方法。

「澄澈的目光」是活下去的希望，繩文杉，依然在深山守護屋久島的未來……

旅人的身影

他是游離在日本嚴謹社會之外的自由人，逃離公司、家庭的重重包圍，遊盪一生，不屬於任何團體，在盛行集體主義的日本，不免寂寞，現在努力要找到自己的定位……

到屋久島之前，認識了一個奇特朋友。

在沖繩恩納村，想要到海邊露營，夜半問路因而受邀到金城先生家住了一晚，隔天早上還參加「獨木舟浮潛團」，見識沖繩的海底世界，正當我們準備上路，在門口和金城夫婦道別時，忽然有一個歐吉桑走過來，問：

「你們會去屋久島嗎？」「會。」「我在屋久島有房子，你們可以住我家。」然後遞過來一張電腦列印的小紙片，標明地址電話和他回家的日期，然後就走了。

當時莫名其妙，以爲他是金城先生的朋友，不過，趕著上路，無暇多問，後來回想，他的英文發音很奇怪，可能是一個想和外國朋友練習英文的鄉下人吧。

在屋久島碼頭再見，才知道歐君是自助旅行前輩，他從一九六〇年開始旅行，比安藤忠雄和村上春樹橫跨歐亞的大旅行，還早了十年，爲了旅行，他一直用打零工的方式維持生活，到過四十多個國家，他的朋友笑他是「飛特族」始祖（日本稱呼沒有正式工作的年輕人），年紀大了在屋久島退休，朋友介紹他租了一個兩層樓的國民住宅，室內空間不大，但是麻雀雖小，五臟俱全，一個月房租只要日幣一萬兩千（約台幣三千元）。

一生熱愛旅行的他，現在最大夢想是經營民宿，卻沒有資金，於是，他在路上隨機邀請背包客到家裡，免費提供食宿，從幫助貧窮旅行者獲得很大滿足，相遇那天，他正好到沖繩旅行，看到協力車旅行的報導，開車時特別留意，希望發現協力車的蹤影，竟然眞的讓他遇上，馬上把握機會留下聯絡方式，他自嘲地說：「我經營一個免費民宿。」去年夏天一共接待了五十多個人，與各國旅行者交流。

原來如此，如果我們早或晚五分鐘上路，就不會遇到開車經過的他，難道上天聽到我想到屋久島的心願？

第一天抵達，他熱情地帶我們去看落日，在車上發現他的口語表達，不論是英日文，都故意用童音說話，重複簡單句子，愛說冷笑話，稍微深入的話題就無法繼續，常喃喃自語，一般人可能覺得怪異莫名，然而，看出他內心善良，靜觀其變。

他開車到永田前濱，著名的海龜產卵地，及時趕上在口永良部島旁落下的夕陽，看過的落日美景不少，不過，眼前拍打岩石的海浪、綿延的白沙、岬角的燈塔、葫蘆形的火山島，在黃昏的光影變幻中，就像大自然的多媒體創作，只能屏息，沉醉在難以描述的一刻，接下來幾天，他常常帶我們去像這樣只有當地人才知道的「私房景點」。

回程，聽到我們愛泡湯，他提到大埔溫泉，離開環島道路往海邊行駛，在一片漆黑中辨識四周環境，感覺愈來愈偏僻，不禁懷疑他別有目的，終於，在路的盡頭出現了一個老舊澡堂，鬆了一口氣，不是野溪溫泉。在懸崖邊的溫泉澡堂，就像天涯海角，問：「這裡很少遊客，只有本地人來吧！」「不，本地人也很少來，太偏遠了。」走進去，空無一人，有一個老得看不出年紀的老人站在櫃台，外面海風狂吹，牆上掛著一塊「屋久島農林漁業年長經營者補助」的木牌，想到《冰島漁夫》的荒涼海岸，不知道在這個地方離群索居，過著什麼樣的生活？

女湯的小小浴池只能容納兩個人，幸好天然溫泉很熱，泡得全身舒暢。晚上，他準備了火鍋，三個人擠在一個兼作書房、飯廳和客廳的小房間裡用餐。

二樓有兩個房間，一間是他的臥房，一間是客房，發現他在客房細心準備兩套日式寢具、置物架、室內曬衣架，還有幾個塑膠袋。常旅行的他很了解旅行者需求，依據他的建議，準備到山上健行兩天，住在山小屋，以便從容欣賞繩文杉，他還準備了兩個登山背包及頭燈，興致勃勃做了麥茶及飯糰，看他手腳俐落，房子整齊乾淨，脫口而出說：「你眞是一個好管家。」不擅言辭的他得意地笑著。

當我們從山上回來，他已經針對接下來的九州行程，準備地圖、資訊，上網查好連結船班，簡直就像專爲自助旅行者服務的旅行社，大力推薦他在天草的朋友中井先生，強調中井先生經營有機農業，在當地非常有名，我們可以順道拜訪。

屋久島燈塔
海龜下蛋Beach
永田
大浦溫泉
一湊海水浴場
→鹿兒島・種子島
宮之浦港
繩文杉
7000年神木
高塚小屋
宮之浦岳
白谷雲水山莊
楠川溫泉
荒川三叉口
紀元杉
屋久杉紀念館
安房
枕狀熔岩
大川瀑布
千尋瀑布
尾之間溫泉
湯泊溫泉
平內
海中溫泉
屋久島 有很多千年神木的神奇島
宮崎駿電影"魔法公主"的森林の島

離開前一晚，他終於講出眞心話：「我想和存青騎協力車，心靜留在這裡看家好了。」他回想年輕時代對旅行的盼望，享受同遊的快樂，卻不願意拍照，很少談到過去或未來，就像櫻花一樣，把握眼前最美的一刻。

他是游離在日本嚴謹社會之外的自由人，逃離公司、家庭的重重包圍，遊盪一生，不屬於任何團體，在盛行集體主義的日本，不免寂寞，現在努力要找到自己的定位，他雖然怪異，卻有不少好朋友，可能是因爲他的眞誠吧。

最後一天，他到碼頭送行，當存青走進船公司買票，有一個背著大背包的日本男生經過，歐君馬上招呼那個人到他家，那個人二話不說，停在路邊等，和歐君道別後，回頭一看，那個人已經上車了，他又有新的客人了。

因爲歐君提供免費民宿及全方位的服務，在屋久島待了六天，否則，在偏遠小島，交通不便，住宿及餐廳昂貴，參加登山團所費不貲，可能一兩天就會離開，不可能有這麼多美好回憶。

歐君，歡迎來台灣玩！

→（上）宮崎駿的動畫「魔法公主」以屋久島森林為故事背景。

我的「第一次」

這就是我的「第一次」混浴，雖然路途遙遠，又有奇特規定，平內海中溫泉，眞的是可以和大自然融合爲一的「野溪溫泉」啊！

↑平內海中溫泉。

在屋久島，除了繩文杉和獨樹一格的歐君，另一個難忘回憶就是「平內海中溫泉」了。

行前，在那霸小旅館發現一本介紹屋久島的書，在介紹屋久杉健行路線的篇章，寥寥數語提及「平內海中溫泉」——溫泉位於島的最南端，漲潮時會被海水淹沒，退潮時溫泉才會露出，退潮前後兩個小時都可以泡，建議先看潮汐表再前往。

從大學時代到日本旅行，一直到踏上環球之旅，泡過上百個溫泉，卻從來沒聽過這種「會被海水淹沒的溫泉」，頓時，產生了「我一定要去」的強烈渴望。

抵達屋久島那天，在碼頭和歐君碰面後，先到遊客中心，當然，我的首要目標就是——每日潮汐表，發現明天或後天是比較好的時機，下午五點多退潮，大後天就是晚上八點才退潮，天黑了什麼也看不見。

隔天，歐君興致勃勃安排「屋久島一日遊」，從島的最北端順時鐘走，一路欣賞枕狀熔岩、紀元杉、千尋瀑布、鑑眞和尙上岸地等，他特地東繞西繞，去看五星級飯店的絕佳視野，他朋友經營的民宿等等，當我們終於抵達最南端的「平內海中溫泉」時，已經下午五點多了。

從停車場依著指示牌，穿過一片灌木林後，豁然開朗，一條長長的水泥甬道直通到海邊，但是，在甬道口有一塊招牌，上面寫著：「一、此地爲男女混浴，二、不可穿泳衣。」遠望在礁岩中泡湯、走動的男人，果然個個一絲不掛。

此時，歐君看到我們遲疑，馬上提及附近還有一個「湯泊溫泉」，在山坡上，是男女分開的，也可以看到海。

我不死心，走下甬道到達溫泉，眞的沒有一個女人，開始漲潮了，洶湧海浪不時打到湯池內，下定決心說：「我——要——泡。」千里迢迢來訪，這種規定對女人太不公平了，我同樣擁有泡海水溫泉的權利。

看我一臉「誰也無法阻擋」的表情，蓄勢待發，歐君說了一句：「我要去附近找朋友，晚一點再來接你們。」藉故溜走了。

存青不置可否，她早已習慣我的瘋狂行爲，多年旅程中，大部分都是我說：「我要做這個，我要吃那個，我要看那個。」她對旅行過程有興趣，眞正抵達目的

地，她一無所求，不像我總是懷著稀奇古怪的幻想——到古羅馬腓特烈大浴池，洗十六道療程的羅馬浴，到伊斯坦堡大浴場（也是斑駁古蹟）洗土耳其浴、埋在沙子洗砂浴、到炭火三溫暖的發源地洗芬蘭浴，學當地人跳入冰冷湖中，後來在赫爾辛基，甚至跳入接近零度的波羅的海等等。

她面無表情拿著大毛巾掩護，光天化日下，我迅速脫下衣物，僅用大毛巾圍著，走到其中一個僅容一人的洞穴，果然是溫泉，全身都放鬆下來，身旁不到一米有一個當地歐巴桑奮力地洗頭洗澡，另外兩個天然浴池也不大，較熱的那一個擠了五六個男人就客滿了。

圍著一條毛巾，旁若無人地享受迷你天然溫泉。

可能我的勇氣贏得全場的人肯定，本來不准照相的，但年輕外地人不發一語，當地歐吉桑紛紛指點角度，叫存青幫我拍照留念。

天色漸暗，泡湯的人逐漸離開，等到天然浴池只剩下一個人，開心地走過去，頭枕著手靠在礁岩邊緣，洶湧海浪迎面而來，一波又一波地拍擊礁岩，浪花濺在身上，感受到水的雙重力量。溫泉包含地心的熱度，海浪飽含生命的衝擊，當兩者交融，就像一動一靜的二重奏，時而空寂無聲，時而慷慨激昂，身心沉醉在大自然的旋律中，湧上來的潮水逐漸淹沒了溫泉——領悟到不論外在環境如何改變，重要的是自己的心志，人生就該掌握節奏，盡情演出……

後來，又來了兩個當地歐吉桑，習慣性地和對方寒喧，就像在東京街頭，完全

→海浪飽含生命的衝擊，溫泉包含地心的熱度，當兩者交融，就像一動一靜的二重奏，時而空寂無聲，時而慷慨激昂。

忘了身上僅圍了一條毛巾，正和兩個陌生男人同泡一湯。

這就是我的「第一次」混浴，雖然路途遙遠，又有奇特規定，平內海中溫泉，眞的是可以和大自然融合爲一的「野溪溫泉」啊！

※附註：說眞的，深度近視的我，什麼也看不到，倒是不想下水負責拍照的存青，欣賞到不少「遛鳥」奇景。

參考文獻

【論文集】

1. 岡島成行《日本的登山政策發展及山岳管理》、《中央研究院週報》，二〇〇六年第一〇八四期。
2. 洪富文、馬復京、張乃航、游漢明、林光清、黃菊美、許原瑞、杜清澤、陳永修《台灣檜木林保育的科學基礎》、《枯立木與資源保育研討會論文集》，一九九九年，頁一二五—一六四。

【網頁】

1. 財團法人國土規劃及不動產資訊中心《日本屋久島考察》。http://www.isles.org.tw/PageDetail.aspx?Fullkey=68&NodeID=2-3-2&strIndex=2（中文）。
2. 財團法人國土規劃及不動產資訊中心《離島永續發展案例分享：日本屋久島》。http://www.ippi.org.tw/Realestate/result/ResultIndex_1.aspx?ID=4925

屋久島旅行指南

前往屋久島有三種方式：飛機、水翼船和渡輪。搭乘日本國內線班機前往九州鹿兒島，再轉機到屋久島；或從鹿兒島搭乘水中飛翼船前往，所需時間約九十分鐘；若帶單車前往，建議由鹿兒島搭乘渡輪前往，所需時間四小時。

屋久島住宿選擇有經濟型民宿、青年旅社和高級渡假旅館，主要住宿點集中在宮之浦（與鹿兒島聯絡的港口），安房（去看繩文杉和宮之浦岳的登山道路入口）及尾之間（溫泉小鎮）。

島上交通選擇：搭巴士、計程車；租車、腳踏車、機車及徒步。

屋久島觀光網站

http://www1.ocn.ne.jp/~yakukan/

Part 3 九州

如果沖繩是島嶼之歌，屋久島是自然日誌，那麼，物產豐富的九州就像田園詩，依著地形蜿蜒的梯田，金黃色的飽滿稻穗，是農人耕耘一年的作品，在夕陽的餘暉中，那一張張樸實的笑容，就像溫泉，是一天辛苦的騎乘後，最美好的回憶，騎車、泡湯、野營，眞是「單車旅行的醍醐味」啊。

波濤洶湧的海

無論如何，邁向眞正的和平，這是一條漫長的路，面對波濤洶湧的海，期望風平浪靜的一刻，早日來臨。

一

風平浪靜，只是一種幻想，在那霸經歷陸上颱風警報後，能夠順利上船，已經算幸運了。

「海濤洶湧，已經不能稱爲海面，觸目所及盡是數十丈高的海波浪壁，船隻隨著怒濤猛起直落，衆人顚的七葷八素，面色鐵青……」（書籍1）在十七世紀初，日本天主教徒，爲了躲避幕府鎖國時期的禁教令，秘密組織船團，企圖遠征台灣建立人間樂土，卻在途中遭遇颱風，功敗垂成。

颱風，幾度改寫東亞歷史，最有名的一次是「神風」——十三世紀，橫掃歐亞大陸建立了蒙古帝國的元世祖忽必烈，卻在日本遭遇挫折，兩次東征都遇到突如其來的颱風，無法抵抗狂風的艦隊落荒而逃，倖免於亡國的日本人喜出望外，咸信是「神武天皇」的神靈保佑，全國各地紛紛祭拜「神風」。

生長在台灣，對颱風一點也不陌生，不過，在海上遭遇熱帶氣旋，就完全不同了，從沖繩到九州，劇烈搖晃了一夜，嚴重暈船，踏上鹿兒島時，風和日麗，整個

←航行於沖繩和九州鹿兒島間的客貨輪。

QUEEN CORAL 8
クイーンコーラル 8
KAGOSHIMASHI
鹿児島市

人卻搖搖欲墜。

抵達一個城市的新鮮感，像一帖特效藥，呼吸自由的空氣，在街道中穿梭，感受司馬遼太郎所說「鹿兒島在湛藍大海，最能表現薩摩人『踢開憂愁，翺翔天空』的個性」，很快恢復精神。

意外發現鹿兒島是「西鄉隆盛之城」，處處是相關古蹟，西鄉隆盛銅像、西鄉洞穴、西鄉墓地、西鄉南洲顯彰館，鹿兒島下級武士出身的西鄉隆盛，在推動日本現代化的明治維新擔任重要角色。

習於接受外國文化的薩摩藩（九州鹿兒島縣北部的藩屬名），自古在中國、琉球、朝鮮的貿易中擔任日本門戶，革命往往來自於邊陲，面向大海的薩摩，最早接受西方文明洗禮，一變成爲西南強藩，聯合長州藩，衝破了封閉的德川幕府，擁護明治天皇掌權，標榜開明思想，派出留學生到英、美、德、法學習，期望帶領日本走向富強之路。劇烈改革常要付出流血代價，日本急於加入歐美列強的行列，過程血跡斑斑，西鄉隆盛的一生，就像是近代日本新舊衝突的縮影。

維新政府實施徵兵制又減少兵餉，傳統武士的社會地位降低，生活日益貧困，「維新三傑」之一的西鄉隆盛，高唱「征韓論」，希望對外發動戰爭來解決內部問題，剛從歐美考察歸來的同志大久保利通，眼界已開，主張以內政爲先，深怕征韓受到列強干預，引來亡國之禍，西鄉隆盛憤而引退，回鄉辦學，然而，身處維新政府和傳統武士的矛盾中心，終究無法避開悲劇，他的學生主動發動攻擊，他不得不率領叛軍和政府軍作戰，史稱「西南戰爭」，戰敗後逃回故鄉，身中數槍後切腹自殺，明治維新初期的士族抗爭，自此書上句點。隔年，他的政敵大久保利通遭受刺客暗殺，臨死之際，他喃喃地說：「西鄉、西鄉，時代的巨輪，先從你，然後從我的身上向前輾過去了。」電影「末代武士」的中森勝元即是以西鄉隆盛為原型。（書籍1）

↑（上）位於鹿兒島外海的櫻島。
（下）西鄉隆盛亡故之地紀念碑。

西鄉隆盛去世，日本人卻繼承了他的尚武精神和軍國主義思想，拋棄明治維新強調的開明民主，壓制自由和人權，軍人逐步掌控政府，發動侵略戰爭，併吞了台灣、朝鮮，扶持並控制滿洲國，實行殖民地式的掠奪，進而侵略中國，發動珍珠港事件，引發太平洋戰爭，佔領東南亞，遭受原子彈攻擊，無條件投降……

歷史在腦中快速翻轉，對照手中的鹿兒島地圖，從維新博物館、雕像、洞穴，一路追尋到西鄉最後自絕的地方，在寧靜住宅區的車站後方，有一個小小紀念碑，看著鐵軌上的電車經過，如果一個城市心心念念的是壯志未酬的陸軍大將，特意在街道上一一標出他的生命軌跡，讚揚他的武士道精神，那麼，聚精會神「見學」的學生長大後，是否會忘記和平的可貴，輕易投入戰場呢？

回程，經過一間藏在巷子的咖啡店，把滿載行李的協力車停在「茶花」咖啡手寫的招牌旁，走進去，沒有其他客人，這種一人經營的咖啡店，來的都是熟客，斑駁原木桌椅，當地明信片和手工藝品，研磨咖啡，不論是在台中、墨爾本、奈良、曼谷、巴黎……心中的咖啡地圖，出現的都是這種庶民風味的小店，無名，挑不出缺點的咖啡，絕無僅有的甜點、不賣餐、有獨特的音樂品味，小眾刊物，每次遇到這種百分百的咖啡店，不由自主就陷溺了，在侯孝賢向小津安二郎致敬的電影「咖啡時光」中，常泡在咖啡店的女主角，與不多話一臉酷樣的咖啡店老闆，有一種平淡卻又如家人的互動，心領神會。

在沉重的古蹟之旅中，意外發現了「茶花」，喝了一口現場研磨沖泡的咖啡，趴在厚重木桌上，一動也不動，希望永遠躺在這裡，歷史交給以後的人好了，此刻才是眞實的，不過，「朝九晚六」的老闆要回家，百般眷戀的我們被「掃地出門」了，下次再來。

傍晚回到碼頭區，泡著免費「足湯」，在小孩嬉笑聲中，隔著錦江灣相望的櫻島，日夜冒煙，距離市中心只有四公里的活火山，不時噴出火山灰……

「今天到知覽，可以去參觀武家屋敷哦。」存青知道我喜愛東方庭園，在地圖上看到標示，特意繞道前往。

知覽以茶著名，在翠綠茶園上下起伏，遠處連綿的山脈遮斷了海景，在地形崎嶇的九州騎協力車，算是自討苦吃，每天竭盡心力，克服上下坡的「日課」，不過，在路的盡頭藏了一個希望，自我勉勵（或是誘騙？），辛苦騎乘將有所回報，踩踏之間不覺就輕鬆許多。

事先卻不知道，知覽還有另外一個身分——神風特攻隊基地，看著手上精美的知覽觀光地圖，除了武家屋敷外，詳細標示出「知覽特攻隊和平會館」、「特攻隊

銅像」、「特攻隊員指定食宿——富屋食堂」、「機場」、「彈藥庫」、「戰爭指揮所」遺跡，還有「特攻物產館」，簡直不敢相信，小鎮就像一座神風特攻隊的主題樂園。

騎過大型停車場、寬廣的櫻花大道，在大門前停下，四周是絡繹不絕的遊客，在銅像和神風特攻隊的飛機前，老人旅遊團的成員排成兩列，整理儀容，對著鏡頭微笑，拍照留念。

另外一邊是電影「我願爲你赴死」的解說牌，影片以被稱爲「神風特攻隊之母」的富屋食堂老闆娘鳥濱的眼光，敘述她「給予那些絕望走向死亡的年輕人，如母親般的關懷」。一部美麗的青春物語，劇照是一群年輕充滿朝氣的新兵和慈祥的鳥濱太太站在戰鬥機前，大家表情輕鬆，像參加一場例行演習。這部由石原愼太郎編劇並擔任製作的電影，在二〇〇七年五月十二日上映當天，湧入兩百萬觀衆，票房收入超過二十五億日幣。

環顧四周，天氣晴好，遊人如織，綠籬森森，看起來就像是一個尋常風景區。

對神風特攻隊的認知卻如震央，釋放強大能量，腳下的土地忽然裂開，波濤洶湧的海水湧入……

一九九四年，二戰結束前一年，太平洋戰場上，日軍節節敗退，明知戰敗已成定局，軍方下令成立神風特攻隊，招募平均年齡不到二十歲的年輕人，駕駛飛機直接撞擊敵艦船隻，企圖以自殺式攻擊阻擋盟軍進攻，六千多台神風特攻隊飛機起

→知覽的武家屋敷，保存傳統日本建築和庭園之美。

飛，一去不回，事實上，以粗劣飛機向擁有制空權的敵艦撞上去的機率，大約是一至三個百分比，大部分飛機在未到達目標就被擊落了，少數因爲飛機故障無法出擊的人，會遭受「爲什麼活著回來」、「沒死掉的窩囊廢，是特攻隊的恥辱」等責難被迫一死，失去存活希望的特攻隊員，有些人選擇自暴自棄墜入海中，人機俱亡。（書籍2）

這些軍國主義的受害者，卻被塑造成悲劇英雄，櫥窗展示一〇三六名特攻隊員的照片、軍刀、遺書、遺物。從遺書中，看到年輕人寫下死而無憾的字眼給親人後，步上死亡任務。當時，神風特攻隊被美化成向天皇效忠的神聖使命，在說明文字上，卻對造成悲劇的原因隻字不提，對於逼迫本國人民當砲灰的行爲，毫無理性自省或是批判，一味惋惜年輕生命的消逝，讓父母親人悲痛，甚至帶有一種淒美的讚揚意味，卻沒提到把年輕人當武器，會導致更多生命的消逝，對方也有父母，造成更大的悲劇。

「我幫妳們拍照。」身上掛滿大相機和閃光燈、戴棒球帽、皮膚曬得黝黑的先生，注意到騎協力車來的騎士，露出欽佩表情，主動示好。

「妳們從哪裡來？」、「哪裡最好玩？」身上掛著照相館主任的名牌，他的工作是在神風特攻隊飛機前爲遊客拍團體照，好奇地提出一連串問題。

彷彿站在波濤洶湧的海上，一言不發，從來不曾看過我這種反應的存青拉著我說：「我們走吧！」

「你看這本書，寫得很好。」主任看我臉色鐵青，拿了一本書，試圖表達他的看法。

坐在板凳上打開書，匆匆翻了幾頁，書中作者認爲要解決日本年輕人空虛頹靡的思想和高自殺率的社會問題，必須加強愛國教育，文中大力批判二戰後推行的和平運動，喪失大和民族固有的武士道精神，呼籲日本充實軍備，才能獲得應有的國際地位……

「特攻和平博物館一年至少有六十萬人造訪，也有很多台灣人來看，了解戰爭的殘酷，對促進世界和平有幫助……」主任辯解似的強調博物館的教育功能。

「我們去看武家屋敷啦。」本來就對博物館沒多大興趣，看到我深受打擊，存青至少說了五次要走的話，不忍心讓旅伴擔心，勉強振作。

第一次，無法回應陌生人的善意，無法進行開放交流，眼前所看到的一切，實在超乎想像，昏昏沉沉離開。

十多分鐘後到達有「薩摩小京都」之稱的武士住宅建築群，把車停在入口茶館旁，走進羅漢松夾道的石垣路，夕陽灑在江戶時代宅邸的屋頂，築山池泉式庭園、枯山水庭園，像遊魂般渾渾噩噩地走著，抵達一路期盼的日式庭園，卻無心欣賞。

走到一個僻靜角落，坐在屋簷下的台階，「瞪」著精心保存的日式庭園，腦中圍繞著一大堆解不開的疑問。

天色將暗，爲了趕路，暫時拋開疑惑，繼續往前走。

三・

後來，在大陸旅日導演李纓拍的紀錄片「靖國神社」，也看到同樣的疑惑。

這部片子未上映前，就引起風波，日本部份議員以「反日」的理由反對上映，又受到右翼份子的威脅，原訂二〇〇八年四月上映的日本戲院不得不取消上映計畫。事實上，在美國聖丹斯電影節舉行首映時，佳評如潮，美國猶他州韋伯大學歷史學教授亨利．伊巴戈恩說：

「『靖國神社』妥善平衡了爭議雙方不同觀點的表達，是一部用事實說話的優秀紀錄片。」

同時，日本很多有良知的導演和文化人對「靖國神社」表示支持和聲援，日本著名紀錄片導演土本典昭坦率指出：

「這部電影肯定會令日本人不舒服，但卻是日本人不得不看、富有寬宏思想性和令人深思的成功傑作。」

歷經種種波折，影片在內外有大批警察把守的情形下，五月三日在東京小型電影院首映，看過首映的觀眾表示，影片可以更了解自己國家的歷史，有一個六十二歲的觀眾強調，看過後才首次了解靖國神社。

那時，環中國海的旅程在杭州告一段落，大陸媒體大幅報導影片上映消息，這部片子隱隱挑動中日關係最敏感的神經，好奇心升到最高點，很想知道一位旅居日本的大陸導演，會如何呈現日本人隱諱莫測的二戰史觀。

十月，暫時中斷旅程回到台中，在「台灣國際紀錄片雙年展」節目單上看到「靖國神社」，忍不住歡呼，願望成眞了。

影片從一把刀開始，原來在靖國神社中，頂禮膜拜的神體不是墓碑，也不是匾額，而是一把供奉在密室的「靖國刀」，曾經爲軍隊製作軍刀的現役老刀匠，碩果僅存，他在鏡頭前製刀，樸實嚴謹，典型的工匠精神，談到軍刀用途和神社的神聖性，卻多方閃躲，眼神飄忽，不時陷入沉思中，避而不答，以乾笑回答問題。

每年到了終戰紀念日，平日幽靜的神社聚集立場各異的人潮，虔誠參拜的退伍軍人，支持小泉首相參拜的美國人，戰犯家屬爲了恢復先人名譽在現場徵集簽名，準備控告媒體，最具爭議性的畫面是在二〇〇六年八月，當時的首相小泉純一郎，不顧國內外反對，第六度參拜供奉了甲級戰犯的靖國神社，引起日本海內外右翼分子大會師，士氣大振。忽然，在隆重會場出現了兩位高喊「反對參拜！」的年輕人，引起一陣騷動，兩人一路被憤怒群衆追打怒罵「中國人，滾回去！」鏡頭緊跟著跑，觸目驚心，頭破血流的年輕人在被警察帶上警車之前，虛弱地說：「我們是日本人。」」。

這一幕，傳神地隱喻了日本現況，主張誠實面對二戰歷史的人不是沒有，而是少數。靖國神社遊就館是戰史陳列館，主張大東亞戰爭是自衛戰爭，爲軍國主義招魂，批評反省日本侵略的歷史是「自虐史觀」。而立命館大學國際和平博物館，以客觀角度來看歷史，展出日本現代化後的「十五年戰爭」，從一九三一年滿洲事變（即九一八事變）到一九四五年太平洋戰爭結束，加害者與被害者的眞實情況，鼓勵參觀者進行「我能爲和平做什麼？」的和平教育，開館十二年間，有超過三千多所日本大中小學學生參觀，累計有五十多萬人次，但是和每年參觀靖國神社遊就館的六百萬人潮相比，明顯屬於微弱的呼聲。

紀錄片中印象最深刻的是爲了「還我祖靈」與神社談判的立委高金素梅，以前只知道她從演員到投入政治戲劇化的生涯轉折，在畫面上看到她爲「高砂義勇隊」犧牲者，據理力爭，要求從合祀名冊中除名，迎回祖先靈位，以部落自己的方式祭祀，原來消失在時間洪流、不受重視的模糊臉孔，忽然清晰起來。（書籍3）

二戰末期，日軍戰線擴大到東南亞，兵源吃緊，曾經在「霧社事件」中以寡敵衆展現驍勇作戰能力的原住民，重新受到重視。在殖民統治者宣傳及動員下，「志願」參戰的原住民青年，被分派到最危險的前線，擅長叢林求生的勇士在缺糧情況下挽救了很多日本同僚性命。然而，戰況激烈，沒有配給武器的隊員被拋棄在戰場，任由自生自滅，大部分人埋骨南洋，只有不到十分之一的倖存者返鄉。戰後，日本歸還台灣，對包括高砂義勇軍在內的台籍日本兵，以不具日本國籍爲由，不做任何賠償及道歉，倖存者和受難者家屬帶著身心創傷，痛苦地活在「抗日」的國民黨政權下，絕口不提「曾經爲日本打仗」的敏感往事。直到一九七四年，獨自在印尼叢林生活三十一年的阿美族隊員史尼育晤被外界發現，震驚世界，才引起人們對

←神風特攻隊被美化成向天皇效忠的神聖使命，在說明文字上，卻對造成悲劇的原因隻字不提。

″特攻の母″として知られる鳥濱トメさんの視点から、若き特攻隊員の無残にも美しい青春を描いた、映画「俺は、君のためにこそ死ににいく」（２００７年5月1２日公開作品、製作総指揮・石原慎太郎）で実際の撮影に使用された「隼」。

一式戦闘機「隼」

大東亜戦争（戦後は太平洋戦争ともいう。）において、陸軍の主力戦闘機として活躍した一式戦闘機「隼」Ⅲ型甲をモデルに当時の資料や少飛会の意見を取り入れて忠実に復元製作された。

「隼」は当時知覧の特攻基地からは九七式戦闘機に次いで多い１２０機が飛び立っている。

（平成１９年２月設置　知覧町）

「高砂義勇隊」的關注，長久被忽視的台籍日本兵因爲這個機緣聚集，開始到日本進行訴訟和抗爭，沒有邦交的日本政府不理不睬，直到一九八七年九月，才立法給予遠不及日本兵的微薄賠償……如果死者可以復生，他們會希望列名靖國神社嗎？

還有一個人無可奈何的神情，難以忘懷，他是佛寺住持，他的父親是同一間寺廟的住持，身爲虔誠佛教徒卻被迫上戰場，違反不殺生的戒律，陣亡後合祀在靖國神社，二十多年來，他一再嘗試著要除去父親名字，卻無計可施。

片尾，鏡頭從空中俯視靖國神社，黑暗中點燈的神社，看來莊嚴神聖，在招魂儀式後，一個年輕人穿著舊軍裝，參拜靖國神社，在暮色中踏著正步離開，他凜然的孤獨身影，像是戰場上的亡魂，一步步消失在夜色中，忽然領悟「這些人不是壞人，而是生病了。」應該拋開好惡，進一步了解造成現況的原因。

持續十年的紀錄片，沒有一句解說，完全讓畫面說話，圍繞著「靖國神社」提出了多角度的問題和答案。

針對「反日」的指控，導演李纓表示：「我不反日，這是我給日本的一封情書。我的電影其實只完成了一半，因爲裡面都是我的問號，沒有答案。電影的另一半，該是由日本自己來回答。」他希望日本人、中國人和全世界的人能以全新角度走進靖國神社，理性看待歷史。

理性看待歷史——這是解答疑問最好的方式。

看完電影，開始蒐集資料，沉浸在影響整個東亞、太平洋、世界局勢的二戰中，翻開受到人爲因素掩埋在暗處的史冊，身爲戰後出生的一代，在史料中看到黑暗人性的慘劇，令人戰慄，不忍心看下去。原本以爲遙遠的歷史，其實和自己息息相關，一直到現在，戰爭幽靈依然在日常生活中出沒，伺機引發衝突，如果不小心察覺，認清戰爭的眞面目，很容易變成另一場戰爭的推手。其中，日本歷史學家家永三郎的《太平洋戰爭》和《戰爭責任》兩本書，就像是顯微鏡，清楚展現引發戰爭的原因和病徵。

家永三郎本身是勇於面對問題的學者，他所編寫的高中歷史教材，多次被日本文部省審定爲「不合格」要求修改，特別是關於二戰期間日軍暴行的描寫。在一九六五年，家永三郎決定控告日本政府和文部省——把當權者送上被告席——他認爲審訂教科書違反憲法保障的言論自由與學術自由，自此展開長達三十二年的教科書訴訟案。前所未有的訴訟案引發轟轟烈烈的社會運動，自發性的支持者很快組成全國性團體，長期給予他在物質和精神方面的支持，更重要的是反對國家權力介入公共教育的觀念，透過訴訟進行期間，媒體大幅報導和支持團體宣傳，廣爲人知，到了一九八〇年代，歪曲歷史的教科書更引起亞洲鄰國關切，演變成外交問題，形成輿論壓力。（書籍4）

家永三郎拖著羸弱病體，一生奉獻在學術界、教育界及促進和平的社會運動，樹立了歷史學家的典範，他在研究日本二戰期間相關文獻的經典——《太平洋戰爭》的卷末寫著：

「將十五年戰爭之赤裸裸的眞相以科學性的方法重新認識，並且讓其成果盡量成爲多數人的共同財產，只有爲了防止悲劇再度到來的事情上面讓其有所助益，我們才能對在戰火之中死於非命的幾千萬犧牲者，實現作爲存活下來人類之一部分的賠償，我們能做的事情，不就是這個樣子嗎？」

掩卷沉思，對於和平，我們能做的事情，還有什麼呢？

這個問題，以前很少想到，熱愛《源氏物語》（尤其是林文月教授翻譯的版本），將近二十年的日本旅行，寫日本旅遊報導，與日本友人往來，日本的自助旅行和單車旅行資訊，是啓蒙的重要養分，對我們來說，搭飛機到東京，完全沒有出國的感覺，一切都是如此熟悉。

這次選擇用輪船和協力車的方式到日本，像是走進了時光隧道，以完全不同的眼光來看沖繩、九州，在歷史長河中，看到以往不曾注意的微細徵兆，一水之隔的日本，在表面的光鮮亮麗之下，埋藏著「戰爭後遺症」，至今影響日本社會，因爲冷戰的迅速成形，二戰留下來的傷口，沒有掀開來，進行徹底的反省和治療，不像德國，透過自省，大步從二戰陰影中走出，贏得國際社會的肯定及眞正的自信，這一條復原之路還很漫長。

最後，我想向那位照相館主任致歉，從頭到尾，他都表現得友善熱情，嘗試想要溝通，我卻是震驚憤怒，緊閉溝通大門，拂袖而去，不論他的想法是什麼，我都應該嘗試去了解，不論我的觀點是什麼，我並不代表絕對正義，換一個時空，或者換一個結局，判斷善惡的標準會改變，但是人情義理是不變的。

如果說日本的右翼思想始終有市場，可能是內心深藏的強國夢，終究無法忘懷，也可能是至今難以接受戰敗事實，期望能夠恢復日本人光榮，或者只是緬懷悲嘆過去的歲月，在《源氏物語》中，「物哀」的傳統早已深植潛意識，透過大自然四季變化，悲嘆逝去的青春，繁華轉眼成空的無常，命運不由自主的無奈，淒美悲哀的美學傳統，超越道德是非的批判，只是抒發感情的方式。

事實上，日本有像家永三郎的左派知識份子，以學術良知的手術刀解剖歷史，爲防止病毒擴散，以一己虛弱之身，對抗國家機器，還有「中國戰爭受害者索賠訴訟事件日本律師團」，五百多位日本律師無償協助二戰受害者，到日本打官司，要求應有賠償，這些自發性努力，也是構成日本的眞實面貌之一，只不過，這些沉默踏實的努力，往往不是焦點，媒體總是喜歡報導尖銳的衝突吧。

無論如何，邁向眞正的和平，這是一條漫長的路，面對波濤洶湧的海，期望風平浪靜的一刻，早日來臨。

田園詩物語

因爲《南九州日報》的報導，在九州的僻靜鄉下，我們忽然之間變成超級巨星，在路上，不斷有人按喇叭、大聲加油，存青在前座雙手掌握把手，就由後座的我揮手致意，一整天下來，自覺像是「電子花車小姐」。

如果沖繩是島嶼之歌，屋久島是自然日誌，那麼，物產豐富的九州就像田園詩，依著地形蜿蜒的梯田，金黃色的飽滿稻穗，是農人耕耘一年的作品，錯落的村落，雖然內部多已現代化，依然維持傳統日式房子的外形，看來和周圍環境非常協調，在宮崎駿的卡通「龍貓」裡面，傳神描繪了日本農村「人工形成的自然之美」。

不過，如果只是騎車經過，就像看風景畫，浮光掠影，當有人爲你打開一扇門，才能眞正一探在地生活。

從九州最南端的海角進入丘陵，一整天都在爬坡，緩慢前進，進入上別府茶區後，天色漸暗，青翠茶園旁有人從「青戶自動車」辦公室走出來，年輕的小田先生含笑打招呼，停下來問他附近是否有適合露營的地方，年長的一氏先生進去打電話，結果，晚上七點在廣場有運動會彩排，不方便露營，正在討論時，一氏太太春美衝回家拿了一張台灣人名片問：「你們認識他嗎？我們交筆友十多年了。」認眞研究了一會兒，人海茫茫，確定我們不認識她的筆友。

感謝他們的幫忙，揮手道別，繼續往前騎，大約一百公尺，忽然有車子追上來，一氏先生邀請到他家歇腳——辦公室旁有一棟新穎的日式住宅，就是他們和三個女兒的家，一般日本家庭居住空間狹小，不過一氏家寬敞舒適，開放式廚房和客廳相連，墊高榻榻米上面有一個長桌，兼作飯廳用，我們被安置在典雅茶室，春美忙亂地倒水、換衣服，邀我們先一起參加運動會練習，再回家吃飯。

到了廣場，已有近百人聚集，先由村長訓勉大家，然後各自練習，春美參加四人八腳，把四個人的腳綁在一起，行動一致地往前走，本想幫他們照相，沒想到跑得還挺快的，一下子就到終點了，接著，練習團體跳繩，一開始總是有人絆到繩子，當事人很不好意思，其他人很有耐心，調整位置，再試一次，又一次，直到順利完成，所有人大聲歡呼。最後，春美參加啦啦隊練習，三個孩子的媽，隨著熱鬥音樂努力擺動身體……

過程中，可以感覺到大家主動投入和歡樂氣氛，隸屬於某個團體，共享榮耀，似乎是日本文化重要的一環，尤其在鄉下，彼此關係更緊密，不論是運動會或祭典都是全體參加。

晚餐，春美做了清爽的涼麵、沙拉，味噌湯，知道我們剛從沖繩來，特別準備了苦瓜炒蛋，一氏先生聽我們提及在熊本吃過生馬肉，馬上到冰箱拿出煙燻馬肉招待，搭配洋蔥，吃起來甘甜濃烈。

談到戰爭，自小喜歡看星星，常用天文望遠鏡研究星象的一氏先生說：「以宇宙來說，大家都是地球的一家人，不要區分沖繩、日本、台灣，那就不會有戰爭了。」到了日本，「世界和平」是日本人常主動提起的話題，在寺廟祈願台上，也常看到「祈求世界和平」的木牌，集體潛意識來自生活點滴的累積，二戰後，戰爭慘劇促使各式和平運動興起，其中，成立於一九三〇年的創價學會，基於宗教和人道精神，把和平落實在社會實踐上，超過一千兩百萬個會員，透過文化和教育進行反戰的人間革命。而因爲冷戰情勢，二戰後迅速變爲反共陣營躲過起訴的軍國主義份子，總是發出尖銳聲音，企圖恢復昔日光榮，兩造言論互相衝擊，促使日本人不時關注這個問題。

對於和平的思索，一氏先生在夜空尋求答案。

↑（上）《南九州日報》的報導。
（下）一氏先生一家人。

隔天早上，上早班的一氏先生特地回家，說他通知了《南九州日報》的記者，安排協力車環中國海之旅的採訪，一向隨遇而安、臨機應變，吃完春美準備的早餐，就在飯桌旁接受採訪，存青拿出書面資料，用手提電腦展示照片，侃侃而談旅行動機和沿途觀察，高嶺先生深感興趣，特別詢問台灣年輕人對日本的印象，隔天看到報紙以醒目黑框下了一個標題：「這是亞洲的時代，想要好好了解鄰國」，看來他完全認同「亞洲慢慢來」的想法。

採訪完，一氏先生熱情邀請拜訪他女兒的學校，當天剛好是青戶小學一百三十一年校慶運動會排練，心知小學生一定對協力車很有興趣，順道讓他們開開眼界，果然引起一陣騷動，小學生睜大了眼睛，對協力車充滿好奇，一一合影留念，無意間成了唯一的「外賓」。

校長知道我們從台灣來，親切又感傷地說：「我的媽媽是灣生。」灣生，指的是日治時代出生於台灣的日本人。他接著說：「在她二十歲時，因爲日本戰敗被遣送回日本，剛到九州很不適應，生活很苦，至今，她依然深深懷念台灣……」寥寥數語，彷彿電影「海角七號」的畫面，在大時代劇烈變動中，人命如萍，只能隨波漂流的無奈記憶，從上一代傳到這一代。

在台灣，有另外一個關於回家的故事，紀錄片「綠的海平線」描述二戰末期台灣少年工的血淚史，在懵懂無知的年紀，八千多位少年因爲「半工半讀，有薪水可拿，最後頒發畢業證書」的招募條件，主動或被迫到日本去製造飛機，沒想到讀書只是空想，在嚴冬中，少年每日分三班趕工，連綿戰火，很多人不幸死於美軍空襲，日本戰敗是倖存少年的人生轉捩點，大部分少年工選擇回到故鄉，一夕之間，身分從「日本人」變成「中國人」，不會講「北京話」，又遇到二二八事件，有不少人捲入，也有人特地到補習班學北京話，卻因爲老師是共產黨員被牽連爲思想犯入獄，也有人決定留在日本，掙扎求生，卻連「台語」都忘了。有一個人爲了免費上大學的機會，轉往大陸，文革時卻因爲「曾爲日軍效力」的汙點下放，勞改病死，有人流放新疆，晚年輾轉回到台灣，卻被當成「外省人」……如果不是郭亮吟導演的發掘，那段歷史，就像痛苦的記憶，隨著時間逐漸地被人淡忘、消失，彷彿從來不曾發生過。

同樣是搭船，二戰以後，東亞版圖重整，「灣生」從出生的台灣回到陌生的日本，「台灣少年工」則是從求學夢碎的日本回到台灣，隨即爆發國共內戰，從大陸到台灣，隨著國民黨撤退的二百萬軍民，是另一波倉促渡海的大浪潮，從此留在台灣。茫茫大海，不辨方向，海平線環繞四周，到底哪一邊才是眞正的故鄉呢？

偶然交會，聽到校長的家族記憶，不知不覺，太陽高掛空中，我們必須上路了，告別如麻雀嘰嘰喳喳的可愛小學生，他們的運動會，應是充滿歡樂的童年回憶吧。

報導刊出，在隔天引起一陣旋風，一大早，走進老舊小雜貨店，想要買麵包當早餐，正在挑選，一個像貨車司機的人問：「你們是從台灣來的嗎？」站在收銀台的歐巴桑好奇詢問，得到「今天的報紙有大幅報導哪！」之類的激烈回答，於是，獲贈兩瓶補充元氣的維他命飲料，歐巴桑順手又塞了兩包花生小魚乾。

其實，當天的騎程並不輕鬆，但是，忽然之間變成超級巨星，只好裝出勇猛的樣子，在路上，不斷有人按喇叭、大聲加油，存青在前座雙手要掌握把手，就由後座的我揮手致意，有時候，右邊的車還沒離開視線，左邊又有喇叭聲，只好雙手一起揮，表示誠意，一整天下來，自覺像是「電子花車小姐」。

FASTRAX
KOGA

FASTRAX
KOGA

維他命飲料從兩瓶開始，數目不斷增加，見識到日本自動販賣機的普及，不論身處多麼偏僻的地方，只要你想買飲料，極目四望，一定可以找到一台，尤其是對想要為單車騎士加油的人，非常方便，當協力車愈來愈沉重，每次看到前方有人停下車投幣，不免頭皮發麻。

下午，一個開著房車的小姐在前方停車，拿著日幣千元衝過來說：「你們是台灣來的，太勇敢了，我想買飲料為你們加油，剛好沒有硬幣，麻煩你們幫我買，好嗎？」幾度拉扯後，我們被迫「幫她買加油的飲料自己喝」。

還有一次，一個捲髮的歐吉桑停下車，問：「你們車上有拉麵嗎？」拉麵？沒有。他拿出名片和廣告單自我介紹：「我是三分鐘簡易拉麵的社長，我想送拉麵為你們加油，我們有很多口味，你想要哪一種？」嗯，這個問題很難回答，存青沒有意見，我隨便指了兩種，又增加了車子的重量。

盛情難卻，兩個人喝到一肚子都是水，實在沒辦法喝完，載著沉重的玻璃瓶，特別感受到九州人的純樸熱情，第一次體驗到有無數陌生人加油的難忘「運動會」。

晚上看里程數，那是在九州最認眞騎的一天。

→（上）送拉麵為我們加油的拉麵公司社長。
（下）青戸小學的學生們對協力車充滿好奇。

溫泉手札

全世界泡過那麼多溫泉，深深感覺，可以泡溫泉的國家很多，能夠深入庶民生活，散發生活的情味，還是首推日本吧。

離開沖繩踏上日本本土後，幾乎天天泡溫泉，從鹿兒島、屋久島，再到南九州，連泡了二十多個溫泉，對曾被日本朋友封爲「溫泉婆婆」的我和喜愛大自然的存青來說，白天騎車，晚上泡湯、野營，眞是「單車旅行的醍醐味」啊。

開始學日語時，發現複雜的「敬語」是關鍵所在，地位低的人向地位高的人說話，要用尊敬的語氣及言辭，否則就是失禮，可見日本是階級嚴謹的社會，在日常生活中，處處可見其中的差別。

但是，泡溫泉就不一樣了。

王璇在《廣陵散記》裡曾提到：「由溫泉而產生了日本的『人類平等』觀念，因爲在原來的日本社會裡，服裝代表了不同的階級，但當大家脫了衣服泡進溫泉裡的時候就沒有這種階級觀念了。」。

禮多人不怪的日本人，在溫泉相遇，大多僅是點頭或是打聲招呼，因爲每個人都沉浸在泡湯享受中，就不必太在意世俗的繁文縟節了，而且遇到陌生人也會很親近，不像平常總是保持客套的距離。

九州地形多山，從最南端的指宿溫泉往北騎，連續幾天都是丘陵，險峻山脈像屏風一樣守護梯田，九月正是收割季節，爲了防蟲，稻穗都綁成一束一束的，掛在長竹竿上曬乾，遠望像一排簑衣；鬱鬱青青的茶園排列整齊，四週有大型電風扇，據說是爲了預防冰雹及霜害，吹散冷空氣，以免凍壞茶園，眞是「嬌生慣養」的日本茶啊。不過，風景美，騎車很辛苦，上上下下，鍛鍊腳力。

踏進熱呼呼的溫泉，就是一天最快樂的時光，在光滑水中慢慢放鬆，在戶外的露天溫泉，置身風光明媚的場景，更是心曠神怡。在牛深溫泉仰望山月，池畔奇石，松柏錯落，興起無限禪思。

「常常可以一絲不掛賞景的國家就是日本了。」存青忍不住發出讚歎。

談到景觀，在指宿尋找天然砂湯的途中迷路，無意間抵達的「健康樂園露天溫泉」，堪稱第一，溫泉設計就像涵碧樓，極簡低調，石池邊緣設計成溢水線，水平面看來無邊無際，溫泉正對著錦江灣，左側是如奇石崢嶸的竹山，遠方是鹿兒島，右邊是深入海中的岬角，後方是有「薩摩富士」之稱的開聞岳，海洋、溫泉、山岳，構成一幅淡青色的潑墨山水，想起屋久島的平內海中溫泉，泡在隨著漲潮淹沒的溫泉，直接面對洶湧海濤的衝擊，像激昂的交響樂，沉浸在這遠眺海面的露天溫泉，如千年古琴，近似低語，卻讓人感受到空靈、悠遠，捨不得離去……

無意中偶遇的溫泉，比原來想去的砂湯，更令人回味。

另外一個山邊K溫泉，則是誤打誤撞，乾脆就住在浴場了。

當天在知覽的「特攻和平博物館」和「武家屋敷」耽擱太久，找到川邊市的「山邊K溫泉」，已經夜深了，泡完湯，疲勞盡消，存青向櫃台女將表示想在溫泉外的空地露營，溫婉敏捷就像日劇「冷暖人間」二女兒的女將特地請教她的婆婆，八十歲的桑田阿嬤豪爽地說：「兩個女孩子在外面露營太危險了，待在休息室好了。」她細心地在榻榻米上準備了寢具、茶桌及屏風，一個舒適的和室就成形了。臨走前，她表示她會這樣做，是因爲家中也有一個孫子喜歡到外面遊歷，追求自由自在的生活，和我們很像。

不到半小時，所有的人都走光了，客人、女將、歐巴桑、清潔工，整個浴場都屬於我們，休息室、賣場、櫃台、男湯、女湯、露天溫泉，到處自由走動，還有電視和報紙、熱茶，很喜歡泡湯，卻沒想到會住進溫泉浴場，歐巴桑輕易就把一切交給素昧平生的外國人，這份信賴，感覺如溫泉一樣溫暖。

後來，依照桑田阿嬤的交待，寫信給她報平安，希望她的孫子在世界遊走，也像我們一樣，時時遇到溫暖人情。

隔天一大早，離開空無一人的浴場上路，在田野風光中盡情馳騁，在晚上抵達川內市，在車水馬龍的火車站前詢問：「附近有沒有溫泉？」、「這個，好的溫泉要到某地才有，開車大約四十分鐘。」那騎車至少還要三個小時，趕夜路太危險。

「啊，後火車站有一個春日溫泉，妳們可以去看一看。」聚集的人群中，一個先生忽然想起來，對於溫泉，日本人有一種執著，總是希望推薦最好的。

問清楚方向以後，果然十分鐘就騎到鐵道另一端的溫泉浴場，春日溫泉和前一晚住宿的山邊K溫泉一樣，不是風景區那種渡假村，而是當地市民的大衆澡堂，一個人入浴只要台幣六十元，看到很多歐巴桑拿著毛巾和肥皀，來此消除疲勞，從黑得發亮的木條椅和雜物櫃看來，春日溫泉歷史悠久。

泡完湯，存青請教女將可否在前面廣場露營，訝異的她親切回答：「我問一下老闆。」

繼承家業的堂过美智小姐優雅親切，看了新聞報導，說：「我曾在電視上看過，有一個日本女孩和澳洲先生單車環球十四年，她的精神讓我非常佩服，就像妳們兩個女孩出來闖天下，眞的很勇敢。」接著，她殷殷相勸，請我們先在休息室休息，等一會兒，會準備旅館房間，讓我們好好休息。

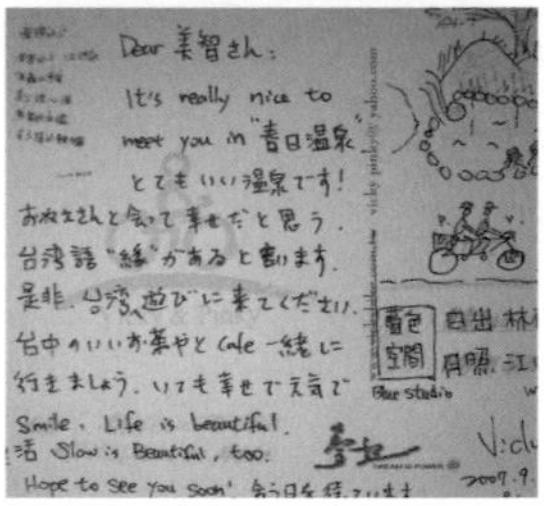

↑（上）春日溫泉的社長夫婦。
（下）存青製作的感謝卡。

她在百忙之中，抽空在休息室聊天，她的先生是一間以木材和竹炭販賣爲主的商社社長，很有男子氣概又愛搞笑，指著忙進忙出的太太說：「我太太的事業比我大。」。

聽了存青分享的旅行故事，堂过社長以夢幻神情說：「今晚注意到月色特別美，我直覺會有好事發生，果然如此，能夠遇到妳們眞是難得緣分！」轉過去看著存青，她不好意思地笑了。

這個眼神交會，翻譯成白話是：「天啊，你常用的台詞被別人搶走了，以前都是你和外國朋友談緣分，沒想到有人比你更相信。」「我也沒想到，她比我還要誇張，我也沒有特別做什麼啊。」總是主動付出善意關懷的存青，不知道自己的「習慣」有什麼特別。

收拾好行李，兩人走到雅緻房間，騎了一天車，泡溫泉，又聊了好久，累到眼睛都睜不開了，鑽進棉被內，睡得昏天暗地。

隔天，在傳統老建築群，發現一個別致的春日茶房，用心布置的空間，充滿藝術氣息，猜想這是堂过社長在家族企業中的創新，一問之下，果然如此，還沒有到中午，已經高朋滿座，她說：「我想把喜歡的東西與客人分享。」道別前，存青精心準備的明信片還沒拿出來，堂过社長贈送一張以春日茶房的照片製成的明信片，她又搶先了一步。整理好裝備，在堂过夫妻和全體員工熱烈歡送下，就像在演電影，揮淚踏上了旅程，不，沒有淚水，帶著如陽光般燦爛的笑容離開。

過了一年，特地寄了在布達拉宮前留影的照片，與曾經在旅途中交會的朋友，分享十年單車旅行畫上圓滿句點的喜悅，收到堂过社長的回信，她說：

「亞洲旅行結束，辛苦了！與妳們的相遇是我一生難忘回憶，謝謝妳們。去年，我把溫泉和咖啡館關閉了，現在，正在重新築夢，希望和先生一起努力，走向新的人生，希望能透過旅行，與有緣的人交會，享受大自然，下次到台灣叨擾妳們，眞的很感謝有緣認識，希望妳們繼續充滿活力地生活下去，交會的歡樂難以忘懷。祝新的一年身體健康　二〇〇九．一．二十五　堂过美智」

人生眞是「一期一會」，春日溫泉，以及令人驚艷的春日茶房已經消失了，不過，當初是以人生最後一次享用的心情，珍惜溫泉，珍惜女將和社長的情誼，也沒有遺憾了。

離開春日溫泉，一連幾天在九州錯綜複雜的西南海岸騎行，接近阿久根時，一位開車送瓦斯管路的司機忽然停下車，熱情打招呼，內田先生說他看過新聞報導，送了兩瓶維他命飲料，又熱心擔任嚮導，聽到我們喜歡溫泉，二話不說，就帶我們到面海的阿久根溫泉旅館。

如果不是內田先生，不會來到這間位於山腰上的溫泉旅館，泡在對運動傷害有療效的阿久根溫泉中，看著海上的夕陽變幻，燈火漸漸亮起，天色暗了。

泡過溫泉，內田先生帶我們回家，介紹他的太太和兒子，還展示竹雕作品，原來他是竹雕師，常和同好在文化中心辦展。內田家是典型的一房一廳小單位，實在擠不下客人，吃過飯，內田先生帶我們到警察局旁的空地露營。

早上，借用警察局的廁所盥洗，女警送了兩杯熱咖啡，存青回送旅行明信片並分享故事，她受到很大鼓舞，特別贈送宣導交通安全的反光貼紙及螢光背帶。最近正在擔心後座安全的存青，如獲至寶，把協力車貼成電動花車，安全帽貼成電動花帽。避免夜間騎乘時，車子容易忽略車體較長的協力車，收好帳篷上路，在港口發現漁夫聚集的食堂，老闆說：「我在路上看過你們兩次。」特別贈送生魚片，日幣五百元的自助餐，包含紅燒魚、牛肉、義大利麵、沙拉、味噌湯等，吃完豐盛早餐，心滿意足，往天草前進。

第一次接觸日本的溫泉文化，是川端康成的代表作《伊豆的舞孃》，小說描寫一個高中生和舞孃在旅途中偶然相遇，純真的友誼，讓連續失去至親的高中生在孤獨慘澹的人生，重新獲得生之希望，兩人交會的場景主要在伊豆的溫泉旅館，後來，特地到伊豆半島，追隨書中高中生的旅程，抵達川端康成隱居寫作十年的「湯本館」，卻是積雪逾尺的夜晚，幸蒙關店休息的旅館主人特別收留，踏雪到溪畔泡湯，山鳥啁啾不已，那是十多年前的往事了，女主人送我的「伊豆舞孃紀念筷子」卻珍藏至今。

全世界泡過那麼多溫泉，深深感覺，可以泡溫泉的國家很多，能夠深入庶民生活，散發生活的情味，還是首推日本吧。

孤獨的先行者

地狹人稠的日本只能滿足百分之四十的糧食自給，本想投入政治解決人口、糧食、能源和環境問題，落選表示不被信賴。三十歲的他決定以身作則，耕種玄米和蔬菜，實踐他的理想生活……

第一眼見到天草的中井先生，清癯俊秀的臉上留著不相稱的鬍子，身材像是風吹會倒的竹竿，裹著卡其衣帽和夾腳膠鞋，最奇特的是眼神，像草食性動物，溫和沉靜，比較像是一位哲學家，而不是農夫。

天草由一百二十多個大小島嶼組合而成，要到天草的下島，必須先經過長島，搭渡輪到人煙稀少的長島，時光悠緩，蒼翠的樹影往後移動，就像電影「情人」男女主角相遇的湄公河，在莒哈絲的記憶中，越南有濃烈的法國殖民地風情，一切愛恨情仇，都逃不過身分的宿命阻隔，沒有明天似的瘋狂愛戀，終究在中國情人奉命結婚，法國少女搭上回國的郵輪，畫上句點……那段初戀卻隨著電影永遠「停格」

了。

到了長島，地圖上看起來不大的島，坡度變化很大，中午繼續趕路，拚命踩踏，在秋陽乾烤下，體力嚴重透支，再也騎不動了，癱在巴士站候車亭內，路上一台車都沒有，心想，爲什麼要這樣自討苦吃呢？騎協力車旅行眞不是人幹的事，應該在風景區騎騎就好，不過，在前座操控把手的存青更辛苦，看她滿臉通紅，中指外側都磨破了，自怨自艾的話也說不出口，更重要的是——騎協力車是我的提議——唉，這就是所謂的啞巴吃黃蓮吧。

終於騎到北端，趕上另一艘渡輪到天草的牛深港，中午沒吃東西，又爬了很多山路，存青連吃了半碗牛肉飯、蕎麥麵及烏龍麵，好幾年沒看到她這麼餓了。

吃飽，暮色沉沉，看到連綿山頭，已有心理準備，漆黑中在原始森林的香氣中前進，牛深溫泉卻比預料中近，可能爬了一天山，已練成飛毛腿，在渡假村泡湯恢復疲勞後，想在外面停車場露營，女將拒人於千里之外，只好再往前，騎了十多公里，經過一個村子，已經九點多了，存青當機立斷回頭在村子找地方，發現公民館的後方有一片空地，緊鄰稻田，公民館剛好隔絕了路上往來的車子，隱密性佳，摸黑搭好帳篷，沉沉睡去。

第二天，在稻香中醒來，在結穗的稻田前，吃著美味鬆軟的鮮奶土司，精細梯田就像拼圖，鋪陳多層次的黃，農人開收割機採收稻穗，今天要拜訪的中井先生，是屋久島朋友歐君極力推薦，說他：「做有機農業的，在天草很有名。」不免在腦中浮現一個畫面：「鄉下的農家上下忙碌著，中井先生帶著小孩收割、打穀，中井太太在廚房做漬物、味噌，照料雞鴨狗等家畜，倉庫裡堆著一包包豐收的有機米，晚餐是豐盛可口的農家菜……」。

其實，在路邊偶遇的歐君，本身就是個從一九七〇年代開始自助旅行至今的奇人，奇人特別推荐的「奇人」，當然引發好奇。

懷著對日本農家生活（或是農家菜？）的嚮往，下午就衝到了中井先生的村落，依照鄰居指示，在大約三十戶聚落的最上方，找到一棟空無一人的二層樓老宅，規模宏偉的木造建築和知覽的「武家屋敷」相比，毫不遜色，只是好像很久沒人用了，從玻璃門窺看，泛白木板覆了一層灰，陰暗幽深，反而是庭園生命力旺盛，雜草叢生，像是《百年孤寂》的熱帶叢林，很快要把房子呑沒了。

在門口張望半天，沒人，往下走沒兩步，看到一個騎著單車載著一束稻穗和鐮刀的人出現了，直覺他就是中井先生，雖然和原來想像中體格壯碩的莊稼漢不同。打過招呼，他拉開木門說：「妳們把東西放好，休息一下，今晚住這裡，我現在住菜園旁邊的屋子，我太太和女兒住在另一個地方。」從他輕描淡寫的語氣中聽出，他們分居了，後來，果然都沒見到他的家人。說完，他先到田裡割稻。

夕陽下，其他村民的田地都已收割完畢，只剩他小小一塊約百坪地，還有金黃飽滿的稻穗，跟著他用鐮刀割稻，紮成一束，看似簡單，費了好大勁，三個人只完成二、三坪的範圍，中井先生輕輕地說：「三十歲第一次吃到自己種的米，很感

←中井先生是我們的「一日良師」，教我們體驗自給自足的生活，和充滿智慧的生命哲學。

ASTRAX
KOGA

動，如果東京朋友沒有吃完，浪費食物，恨不得給他一巴掌，因爲知道種稻很辛苦，我花了十年，才能和朋友分享糧食。」並提到他喝井水，用炭火煮飯，一個月開銷是日幣一千元（大約台幣三百元），他的有機米除了自己吃，固定供應東京的朋友，剛好用來支付生活開銷、保險和房屋稅金，自給自足，現在還有存糧，五年後領的國民年金，剛好支付稅金。

他隨後在田邊採了野菜和類似決明子可以泡茶的豆莢，走回菜園旁的廚房煮晚餐，說是廚房，只是一個燒炭爐子，像在上野外求生課，他不疾不徐地在爐子上炒野菜、煮蔬菜味噌湯，雜糧飯已經先煮熟，用棉布包起來保溫，原汁原味的食物，鮮美異常，尤其是味噌湯，連味噌都是他自己做的，有一般大量製造的味噌沒有的天然甜味，吃著和想像中落差很大的「農家菜」，非常好奇他是如何走到今天，過

↑（上）日本阿嬤的手工麻糬。
（下）中井先生的老宅。

著像《鹽寮淨土》區紀復的簡樸生活。

早在三十多年前，他已經下定決心要過永續循環的生活，一九七二年是他的轉捩點，那時，日本經濟快速起飛，農村家庭家電普及，日本國民生產總值躍升爲世界第二位。在經濟高度成長的背後，他卻看到了人口快速增加，農村不當開發，會造成能源不足、缺糧和環境問題，於是，早稻田大學畢業的他離開前途似錦的工作，回到天草投入選舉，想要解決問題，不幸落選。三年後，父親意外驟逝，他繼承山林、田產以及房產，他重新思索未來方向：

「地狹人稠的日本只能滿足百分之四十的糧食自給，本想投入政治解決人口、糧食、能源和環境問題，落選表示不被信賴，我在東京長大，應該拿起鋤頭親自到農田，利用有限土地自給自足，才能解決問題。」

三十歲的他決定以身作則，耕種玄米和蔬菜，實踐他的理想生活，五年後結婚，生了兩個女兒，第一個女兒七個月就出生了，他看書研究，自己幫太太接生。全家過著回歸自然的生活，但是女兒在小學和中學都受到同學排擠，因爲她有一個奇怪的爸爸，平常沒有零用錢，只有在生日當天，可以選擇日幣兩千元以內的食物慶祝。本來高中預定唸函授學校，不過長女以「我想要到學校認識朋友」爲由，以送報及騎單車通學當條件，進入當地高中就學。

五年前，他的太太決定分居，兩個女兒跟著她，太太早上送報紙，上午在郵局打工，大女兒是護士，母女兩人共同負擔小女兒的學費。

他的精神令人佩服，但是如果我有這樣的老爸，那是什麼情景？接下來幾天，眞正過著「拒絕現代文明」的生活，這個問題縈繞不去，深深同情他的女兒，他是自願的選擇，她卻是不得不接受這種「特殊」生活，日本是高消費社會，她和其他同學之間，自然隔著一道無法跨越的鴻溝。

與他相比，自認接近自然的簡樸旅行，事實上還是倚賴外界的「消費行爲」，騎車不用加油，野營不用電，每天卻要到商店購買食物和日用品，製造不少垃圾，到溫泉泡湯也會消耗電和瓦斯，想想，現代人要過像他一樣的生活，難度實在太大了。

然而，最開心地是在屋子裡「探險」，中井先生有五千多本藏書，到處都是書櫃，對於愛書成癡的我來說，一一檢視書名，躺在地板上俯視高至天花板的書牆，呼吸舊書特有的紙張味，就算看不懂也很享受。就寢的前廳，牆上掛著泛黃的酬謝往來書畫，署名者都是日本近代史上赫赫有名的人物，例如伊藤博文之流，中井先生的祖父是議員，在明治維新時期，即已嶄露頭角，他和家人要過著錦衣玉食的生活太容易了，爲何要堅持清貧生活呢？他的親友和同鄉又是如何看待他的？有一天下午，跟著中井先生踩著狹窄樓梯走到二樓，雖然沾滿了灰塵，但是滿室的器皿、漆器，一看就知道是年代久遠的古董，民藝品做工精細，價值不菲，就像《紅樓夢》中賈府的儲藏室，完全是大戶人家的排場。

一天早上，存青和中井先生到村裡的「媽媽蔬果店」，歐巴桑俐落地做麻糬、

←在日本經濟高度成長的背後，人口快速增加，農村不當開發，可能造成能源不足、缺糧和環境問題。

蛋壽司、紅豆飯和饅頭等鄉土點心，她看得津津有味，還買了歐巴桑自家種的蔬菜和紅豆飯，蔬果店也是中井先生的產業，免費提供給村民使用，另外有一間在二戰前當做村辦公室的建築，中井先生正在慢慢整理，製作書架，打算提供藏書，改成圖書館對外開放。

了解他的所作所為，雞婆個性又發作了，熱心分享——有一種全球有機農業志願服務的非營利組織，他只要加入，透過WWOOF組織，提供志工免費食宿，就有很多志同道合的年輕人，來參與他的公益事業，聽完我們慷慨激昂分享在紐澳有機農場的經驗，他靦腆地回答，因為他沒有農場身分，所以不能申請，為了獲得身分，必須額外花錢去辦等困難之處。

離開前一晚，出於痛惜之情，我懇切相勸，他的觀念和生活有很多值得現代人借鏡之處，他「應該」好好寫下來出書，發揮更大影響力，他低聲回答：「這種書已經很多了，最重要的是實踐。」前幾年，他因緣際會被推選為鄉代表，不過，空降部隊影響有限，不久他就辭職了，把鄉代表的收入當作十年購書基金。目前的生活，他很滿意，對於操勞卻效果有限的社會活動，他只能盡力而為了，不是放棄，卻心有餘而力不足，希望兩年後，和兩個女兒環遊世界。

先行者總是孤獨的，離開後才知道，其實，他在實現自給自足的生活外，加入不少非營利組織，和區域濫伐進行苦戰，包括有機農業、地球綠化、海岸保護、反對高爾夫球場、食物農業農村基本法（日本國會正在審理中），都有他落實理想的一份力量。

他的最大希望是人們能夠兼顧農業，除了一份工作外，也扮演農夫的角色，那麼，就不需要盲目地追求金錢，沒有消費能力也不會慌亂，眞正促成農業整合，達到「青山綠水國土豐」的境界。

回想起來，他對這個世界要求的很少，總是思考如何付出，他對我們的來訪也是一樣，只因爲歐君介紹，盡量提供方便，卻從不要求得到回饋，反而是我，基於某種自以爲是的使命感，不斷質疑他的生活，試圖爲一大堆疑問找到答案，他努力回答之餘，從不見慍色，可見他三十年來，是以多大的耐心來面對質疑和反對的聲浪，只是爲了——讓世界更美好。

和很多口沫橫飛卻言行不一的政客相比，他的謙卑身影，令人難忘。

長崎印象

對長崎的第一個印象就是「陡」，第二個印象是「蛋糕」，第三個印象，雖然我不願意承認，那就是「原爆以及遭受原爆以後展現的人性尊嚴」。

一・

對長崎的第一個印象就是「陡」，很少有城市這麼陡，除了舊金山以外。

從天草的富岡港搭船到長崎的茂木港，正前方是無止境的爬坡，氣喘噓噓地騎在往市區路上，終於明白這個城市為何有個「崎」字了，接近市區時看到臨海山坡上密密麻麻的房子，暗自希望朋友不要住在上頭，唉，可惜天不從人願。

和Kami約在長崎歷史文化博物館碰面，他開口就說：「我警告過妳們，長崎不適合騎單車。」。

他和太太Hana結束三年單車環歐旅行，回到長崎，租了一間老房子，開始新生活，偶而懷念單車旅行的日子，還會在榻榻米上搭帳篷，過過乾癮。五年前，他們在法國車友口中聽到我們的故事，特地繞道台灣，交流經驗，剛返家的我們熱烈接待，想想，那是二〇〇二年的事了，後來，收到他們的女兒Aya誕生的消息，她可愛的樣子像極藍小猴，存青特地寄了一本《頑皮藍小猴》給她，現在，Aya都已經兩歲了。

往諏訪神社方向，推著沉重協力車，走在比舊金山雙峰陡峭的路上，證實了在上坡，推車絕對比騎車費勁，如果可以騎，不要下來推。疲憊中，看到一個奇景，沿途好幾棵樟科的不知名老樹，不論是大剌剌地位於路中央，或是在狹窄路邊雄霸一方，那理直氣壯遮住天空的樹冠，姿態千迴百旋，嫩綠生氣盎然，有如佔地為王的山寨王，讓人有行走江湖的爽快。

不知道轉了幾個彎，在高約一層樓的石階前，Kami說：「現在換走階梯，先搬行李，再搬協力車。」存青的臉都綠了，想像一下，要把重達五六十公斤大包小包的東西，從九份山下搬到山上，唉，走吧！

流汗耕耘者，必將歡喜收割，依山勢建築的老宅，沒有一條直的路，繞來繞去，很快汗流浹背，忽然，眼前出現了群山環繞的長崎港和跨海大橋，暮色中，海上的夕陽染紅了天空，霓虹和人間煙火點亮了緊緊相依的灰黑建築，一個城市的夜景，總是讓人感覺溫馨，那是回家吃飯的時刻……Hana和Aya也跑出來迎接，在全世界騎車拜訪過的朋友中，這裡算是最難抵達的吧。

↑暮色中，海上的夕陽染紅了天空，群山環繞的長崎港和跨海大橋，霓虹和人間煙火點亮了緊緊相依的灰黑建築，一個城市的夜景，總是讓人感覺溫馨。

一進四間的木造平房，因年久失修顯得陳舊，廚房和衛浴設備因陋就簡，開放敞亮的空間和屋外的視野，卻有隱居鬧市的幽靜。

上次見面，他們是風塵僕僕的旅人，雖然疲憊但是充滿活力，五年後，兩人都有很大改變，Hana從一個夢幻女孩變成沉穩慈愛的母親，爲母則強，她說：「以前最重要的是自己，現在最重要的是小孩，希望再生一個。」瑞士車友Regula也說過同樣的話，回到原來社會後，結婚生子，努力提供孩子一個溫暖的家，她在單車旅行途中透過函授課程完成藝術學位，本想到長崎歷史文化博物館工作，卻不敵出國喝過洋墨水的競爭者，現在在童書出版社工作。

出發前，Kami是在東京工作的音樂製作人，多年過著暗無天日的忙碌生活，有一天，在錄音室，聽到一首歌「上路吧！」自由奔放的旋律，促使他決心改變生活，實現多年夢想，他在日本的青年旅館遇到Hana，那次鍛鍊體力的旅行，兩人愈聊愈投機，決定共同圓夢，爲了讓Hana父母放心，在國內結婚才出發。回國後，Kami嘗試新工作——翻譯搖滾樂書籍，這次看到他，臉色蒼白，像一片風吹會飄走的葉子，原來，求好心切的他爲了翻譯，每天工作二十個小時，持續半年，不久前導致胃穿孔送醫急救，收入卻遠遠不及一般上班族，壓力很大。

吃著Hana煮的家常菜，閒談彼此回鄉際遇，多年旅行者都會面對一個問題，旅行中每天都有新鮮的人事物，充滿刺激，本身卻是過客，不必承擔責任，然而，再長的探索終有結束的一天，帶著滿滿收穫回到原來社會，就是重新檢視自己的時候了，如何發揮才能，在脫節已久的故鄉，找到一個安身立命的位置，不是那麼容易，必須付出更大心力，坦承分享我們走過的路。他是一個有自律精神又追求完美的人，很適合在家工作，但是，必須找到工作和生活的平衡點，感覺他想要再度上路的心，在瑣碎生活的上方，微弱地飛翔。

↑可愛的Aya是全家的開心果。

Aya是一個快樂的小孩，她總是像無尾熊一樣，吊在媽媽身上，盡情撒嬌，整天都是呵呵的開朗笑聲，最特別的是懂得珍惜，年僅兩歲的孩子，不論是存青送她的玩具，或是桌上的食物，她都認眞對待，我教她用腳猜拳，離開前，她要求再玩一次，她的雙手，似乎緊抓住快樂時光的沙漏不放，下次再見，不知道她會長成什麼模樣呢？

在長崎出沒幾天，習慣了上上下下的爬坡，平常Hana上班和Aya上學，沒有公車，母女來回至少要走一個多小時，晚上很少出去，單純在家享受天倫之樂，四個房間相連的榻榻米，就是最好的遊樂場，也是我們暫時的工作室和休憩室。

離開那一天，他們全家出動，幫忙搬運行李，看著下方的長崎港，竟然有一點依依不捨，這眞是一個崎嶇的港口城市啊。

二・

對長崎的第二個印象是「蛋糕」，從小，對台中第二市場對面的阪神本舖長崎蛋糕，情有獨鍾，鬆軟香濃的蛋糕，總是捨不得吃光，眞正來到長崎，當然特別興奮。

不過，和**Kami**提及「長崎蛋糕」，他卻一臉茫然，用英文形容了老半天「就是蜂蜜蛋糕啊，長方形，切成一片一片的，吃起來很Q，很有水分，很香，但是不甜……」他恍然大悟地說：「啊，是卡斯提拉（Kasutera）」。卡斯提——拉？

原來在長崎，長崎蛋糕不叫「長崎蛋糕」，蜂蜜蛋糕也是台灣特有的說法，據說「卡斯提拉」是西班牙前身卡斯提爾王國（Castilla）在宮廷招待貴族的點心，十六世紀在室町幕府末期由葡萄牙人傳來，在長崎發揚光大，改良成爲道地日式甜點，最早的「福砂屋」創立於寬永元年（一六二四年），已經有四百多年歷史，當時，葡萄牙人在長崎街上和日本人混居，還沒有被隔離到「出島」。

想起一個題外話，這幾年，陸續接待了很多旅途中認識的朋友，有一次，帶領丹麥朋友一家人逛衣蝶百貨，在美輪美奐的精品麵包店，看到五六種「丹麥麵包」，有水蜜桃、肉桂、楓糖、核桃、火腿起司等不同口味，驚喜地指給他們看，他們卻堅稱：「丹麥沒有這種麵包。」像櫻桃小丸子一樣臉上出現三條線，原來「丹麥麵包」不是丹麥的麵包，那又是哪裡來的呢？

↑「卡斯提拉」是長崎最有名的點心。

有電車行駛的街頭、典雅洋樓、蝴蝶夫人場景、蘭學發源地、中華街、孔子廟、日本第一個罐頭製造的地標，作爲日本江戶鎖國時代唯一對外的窗口，長崎處處可見中國文化和西洋的影響。

走過諏訪神社附近的商店街，一整排都是卡斯提拉專賣店，沒有特別去買有名的「福砂屋」和「文明堂」，而是Kami推薦的「松翁軒」，創立於天和元年（一六八一）的老舖，遵循古法，最大創新是第八代傳人貞次郎研發的巧克力口味，甜而

不膩，現在其他卡斯提拉店也都有巧克力口味。松翁軒的盒子上印著西班牙貴族仕女的畫像，蕾絲的頭飾和領口，像是血統證明，買了兩盒，迫不及待打開來看，糖蜜的甜香撲鼻，食指壓下去深富彈性，忍不住先嘗了一塊，細緻紮實的口感，清甜不膩的濕潤度，果然是思念的家鄉味啊，不對，這裡才是卡斯提拉的故鄉，也不對，西班牙才是，不過，聽說到西班牙，反而找不到這種混血的中世紀點心了，眞是「卡斯提拉的奇幻旅程」，飲食文化，隨著漂洋過海的船員遷徙，就像種子，落地生根，在迥異原鄉的風土，開出奇異的花。

吃了夢寐以求的長崎蛋糕，搭電車往出島前進。

很多日本天主教徒參與「島原之亂」，反抗暴政，爲了平亂，死傷慘重的幕府深具戒心，不少爲了躲避禁教令的日本教徒逃到澳門，集資興建的聖保羅教堂就是現在澳門著名的「大三巴牌坊」，教堂的宗教裝飾多出自日本工匠之手。一六三六年江戶幕府爲防止葡萄牙人再度傳教，命令長崎商人修建一萬五千平方公尺的人工島，讓葡萄牙人居住，不過，後來頒布鎖國令，禁止葡萄牙人航行，使維持了九十六年的澳門——長崎貿易路線中斷，造成澳門沒落，眞正進駐出島的是從平戶搬遷過來的荷蘭商館。

這座塡海建造的扇形人工島，由一座小橋和長崎市連接，橋端駐守了日本警衛，未經許可，荷蘭人不得擅自離開，日本人也不得擅自進入，島上的食物及飲水都靠長崎市供應（論述1），另外，乘唐船而來的中國船員限定居住在山坡上的「唐人

→長崎出島是日本吸收西方文化的搖籃，2000年的出島復原工程，將「荷蘭商館史跡」對外開放。

屋敷」，除了中荷兩國商船，其他國家禁止進入日本。

雖然鎖國封閉了日本與外界的交流，出島卻成為日本吸收西方文化的搖籃，透過與出島的荷蘭人交流，「蘭學」興起，以荷蘭語為媒介，學會荷語的日本人翻譯荷文典籍，引進醫學、地理及產業知識，奠定日本近代的科學基礎（論文集2），在官方和民間重視下，蘭學發展成和儒學、國學鼎足而立的三大知識體系，「明治維新」後很多蘭學人才進入政府，加速現代化腳步，和同時間在中國發展的西學相比，來華耶穌會士的科學知識淵博，深受皇帝肯定，卻只用來修曆書，傳播範圍侷限於皇宮和少數大臣，無法拓展到民間，科舉考試也限制了人才對西學的投入，利瑪竇就曾經感慨：

「在這裡每個人都很清楚，凡有希望在哲學領域成名的（指通過科舉考試做官）沒有人會願意費勁去鑽研數學或醫學。結果是幾乎沒有人獻身於研究數學和醫學，除非由於家務或才力平庸的阻撓而不能致力於那些被認為是更高級的研究。鑽研數學和醫學並不受人尊敬，因為它們不像哲學研究（指儒學）那樣受到榮譽的鼓勵……」在一六二〇年，金尼閣等耶穌會士將在歐洲募集到的七千多部西文書籍攜來中國，那些漂洋過海來的經典包羅萬象，幾乎涵蓋了當時歐洲文明的精萃，如果能集合人才，以十年之力翻譯成中文，就像玄奘在唐太宗支持下，翻譯佛經引進印度文明，為中華文化注入活水，將是一場東西文化的盛大交流，可惜，皇帝不重視，當時懂得中文的傳教士忙於翻譯《崇禎曆書》，無暇顧及，中國人沒有掌握外語能

力，輾轉到京的七千冊經典，石沉大海。（論文集3）

中國沒有經歷過像日本的「蘭學」階段，故步自封，直到列強軍艦打開通商口岸，才被迫開國，甲午戰敗，日本一躍進入強國之林，恍如從夢中醒來的中國，在有識之士的提倡下，透過大量翻譯日文西書，學習西方文明，相比之下，中國的近代化晚了六十到一百年。（論文集4）

通過小小出島，荷蘭船帶來中國的生絲、織錦及漢文書，也帶來歐洲時鐘及荷文書，日本出口銀、銅及伊萬里燒，利潤驚人的國際貿易就在荷蘭商館熱絡進行，到了一八五九年，日本重新對西方開放，長崎、神奈川（橫濱）和函館成爲通商口岸，出島的荷蘭商館走入了歷史，荷蘭在日本正式成立領事館，出島變成外國人居留地的一部分。

失去貿易特區的作用，出島陸續在港灣改良工程中埋塡，直到二〇〇〇年的出島復原工程，出島以「荷蘭商館史跡」對外開放，走在復原的水門、商館房間、倉庫、廚房、日本管理人房間、廣場、俱樂部和神學校，就像走進了鎖國時代，日式榻榻米上的歐式床組、西式長餐桌旁抱貓的日本藝妓畫、泛黃地球儀、秤重的計量器、有田燒咖啡組、蘭學私塾的書籍，在在讓人回到那個日本和西洋激烈碰撞的時代。

處處保留時代痕跡的都市，引人駐足。

在長崎最古老的咖啡館外面，有一塊「孫文先生故緣之地」的石碑，這裡是《長崎東洋日出新聞》創辦人鈴木天眼的宅第，孫中山先生曾經專程到訪，感謝報社支持，爲紀念這位中國民主革命的先驅者，長崎市政府立碑紀念。

從一八九七年到一九二四年，孫中山曾九次到長崎。

一九二四年十一月孫中山訪問長崎時，重提在神戶發表的「大亞洲主義」主張，批判後來走向侵略的日本大亞洲主義。當時的《長崎東洋日出新聞》刊載著：「日本作爲東亞盟主的地位確立後，本應爲亞洲各民族擺脫被列強欺凌的境地而盡力，但卻誤入歧途。從根本上說，日本的亞洲政策應該與歐美列強的亞洲政策正相反才是。然而，日本卻緊緊追隨歐美列強，地處東亞的日本卻在傷害著東亞……」

時代的巨輪毫不留情地滾動，世界銀行於四月十一日發布《二〇〇八年世界發展指標》，美國是世界第一大經濟體，中國第二，日本第三，印度第四……被迫成爲殖民地和半殖民地的亞洲古國，經過百年慘痛教訓，迎頭趕上，以不同代價，奮力在資本主義體系，取得一定地位，孫中山先生所主張的「大亞洲主義」──亞洲共同繁榮的祈願在一定範圍內可說是實現了，但是，多數亞洲人卻還是和非洲及拉丁美洲諸國一樣，掙扎在貧困、飢餓和威嚇的邊緣，資源分配不均。

在全球化洪流中，亞洲，將會往哪裡去呢？

算了，還是趕快回家吃「卡斯提拉」，配上台灣的高山烏龍茶正好。

三

走到「長崎原爆資料館」出口，從上方投射下來的光線，襯托出一個熟悉的身影，在相對黑暗的臉上，樓梯上一雙眼睛炯炯盯著我，眼中混合著驚訝、感激和莫名的羞愧，他說：

「我沒有想到你會這麼認──眞──地看，每一張圖片和文字，你都反覆細看，謝謝你！」不知道他已經觀察我多久了，一舉一動都落在他的眼底，存青應該早就出去了吧。

「我的父母也是『被爆者』（指原子彈受害者），那時候，他們還小。」Kami輕聲說。

「那，你的身體有問題嗎？」想到剛才怵目驚心的字眼──核輻射可能會遺傳

給下一代。

「我也不知道。」他才因胃出血掛急診。

「那麼，有可能會遺傳給Aya。」想到她活蹦亂跳的樣子，身上卻「可能」遺傳核輻射，我只要想到就覺得不忍，當初，Hana和Kami是懷著多大的恐懼和勇氣才生下她，還有Kami的爸媽……

「整座資料館，鉅細靡遺地展示原爆對人類的危害，呼籲全世界禁止製造核武，提倡世界和平，只是把日本描寫成受害者，卻沒有提到高舉軍國主義的日本做爲加害者，對亞洲鄰國造成的傷害。」深深同情原子彈受害者的遭遇，卻不能否認我在「知覽特攻隊和平會館」所感受到的震撼，不是故意對日本受害者冷酷無情，而是無法相信「刻意迴避戰爭責任」的資料館，眞能學到教訓嗎？

「因爲出生在長崎，從小就會想，爲什麼會有原子彈？很多的問題得不到解答，長大後研究歷史，發現教科書有很多謊言，像是我們沒有選擇必須發動戰爭等等，發動珍珠港事變的理由是美國禁運石油，但那也是我們造成的，經過多年，逐漸了解事實。」他陸續提到亞洲和太平洋戰爭，和我原來認知的相似。

「日本像你這樣的人多嗎？」走到大廳，置身在絡繹不絕的人群中，卻感覺孤單。

「很少。日本在明治維新以後，懷著強國夢，變成軍事獨裁國家，自認是亞洲第一強國，想要統一亞洲，戰敗被美軍佔領，美國制定和平憲法進口了『民主』，這是由上而下，所以並不是自發的民主，民主國家只是一個形式，事實上還是軍事

→日本長崎原爆資料館，巨細靡遺地展示原爆對人類的危害，呼籲全世界禁止製造核武，提倡世界和平，卻也「特意迴避戰爭責任」。

國家，一般人習慣被統治，沒有自己想法，軍國主義者擁護天皇，要人民爲國犧牲，自己卻躲在安全的地方，美國爲了實用目的決定不追究戰爭責任，保留天皇制後，那些人又再度掌權，不像在德國，美國佔領軍對發動戰爭的人起訴論罪，有罪的人服刑並從公共領域消失，戰後上台的是新一批人，因此，德國政府可以毫無顧忌地清算納粹罪行，對受害者真誠道歉賠償。」

看著他冷靜虛弱的臉，此行，談到二戰，他是第一個不用曖昧態度和討好語氣說話的日本人，清清楚楚地批判戰爭是有罪的，長崎人，明顯和其他日本人不同。

後來才知道，日本長崎原爆資料館原定共同展出南京大屠殺的史料，卻在正式開幕前，迫於壓力，刪掉了相關史料，反對者以「展出南京大屠殺史料意味著對日使用原子彈是合理的」爲由，強行阻止。

「長崎和廣島同爲遭受原子彈攻擊的城市，身爲戰爭受害者，不會受到戰爭幻象欺騙。」Kami強調長崎從自身的不幸獲得力量。

擔任長崎市長的本島等，通過長崎的原爆悲劇，勇於對日本天皇制和軍國主義進行批判，他打破禁忌，在議會上公開宣告：「日本軍隊就是天皇的軍隊，天皇應該承擔戰爭罪責。」不久，一九九〇年一月十八日，本島市長在市政廳前遭受瞄準心臟的暗殺，身受重傷，兇手是極右翼團體「正氣塾」成員，和日本某些重要政治人物有關聯，子彈打到肋骨，大難不死的本島等，繼續受到長崎市民擁護，成爲任期最長的市長，在十六年的任期退休後，繼續從事和平運動。

他坦率指出：「在南京被活埋的中國人，他們的痛苦難道就比廣島、長崎死於原爆的人小嗎？從某種意義上來說，原爆中的死難者許多是在一瞬間死亡的，而南京那些被強迫自己挖坑埋自己的平民，內心的壓抑恐怖有過之而無不及。原爆固然殘酷，但我們日本人不能說只有原爆最殘酷，日軍暴行就不殘酷。」（書籍5）

遭受原子彈攻擊的長崎和廣島，以及經歷慘烈登陸戰的沖繩，在日本是少數願意面對歷史的人嗎？必須付出什麼代價？

長崎還有一個令人敬重的市長，伊藤市長致力於禁核和平運動，曾經和廣島市長到海牙國際法庭，爲審理《使用核武器乃違反國際法》，作嚴正陳述，呼籲各國銷毀核武器，和平的路上充滿地雷，二〇〇七年四月十七日傍晚，六十一歲的伊藤市長在電車站前，遭受右翼暴力山口組「水心會」槍殺身亡。（書籍6）

這些「少數」的獨行者，有一天會變成大多數嗎？可以在光天化日之下，沒有恐懼地訴說對和平的祈願。

走到和平公園的「和平祈念像」前，雕像右手指天，表示原子彈的恐怖，平伸的左手象徵和平，雙眼輕閉，爲原子彈犧牲者祈禱，很多學生獻花唱歌，以純眞的歌聲，訴說對和平的祈願，這些孩子長大以後，在集體潛意識的催眠下，會變成一個態度曖昧的人，還是躲在自己的世界中，遺忘曾經有過的祈願。

「我爸媽說，最可怕的是不能談，剛開始，社會上的人把他們當瘟神一樣。」站在電車上，Kami忽然冒出這句話。

一九四五年美軍原子彈災害調查團對全世界發布消息：「因受原子彈放射能影響而可能致死的人均已死去，對殘存的放射能所產生的生理影響我們不予承認。」

在佔領者「不予承認」的聲明下，原子彈爆炸十年後，連廣島當地報紙的印刷廠都還找不到「原爆」、「放射能」一類的鉛字，沒有當場死亡的倖存者默默忍受著連醫生也束手無策的病痛，併發白血病、貧血、肝功能障礙，躲在社會的視線之外，羞愧地死去。

十年黑暗而漫長的沉默，直到第一屆禁止原子彈氫彈大會，受害者才首次在公衆前發言，大多數人說「活著眞好！」展現人在遭受巨大傷害殘存的生命價値，這次大會爲日本和世界的和平工作者指出了方向，引發後來轟轟烈烈的和平運動。

多年關心原爆受害者問題，寫下《廣島札記》的日本作家大江健三郎，特別在

↑為原子彈犧牲者祈禱的紙鶴。

書中強調：

「雖然我沒有勇氣將我在廣島看到的（儘管這不過是以旅行者的眼光看到的）人類悲劇反轉過來，產生正面的效應，但是，至少，它能時時向我清楚地顯示日本人的人類威嚴之所在。」（書籍7）

大江健三郎在諾貝爾文學獎的頒獎典禮上，演講題目是「我在曖昧的日本」，和前一位日本得主川端康成心目中「我在美麗的日本」不同，他深刻反省日本開國一百二十年來的現代化過程，日本全面向西歐學習，拋棄自己身在亞洲的事實，以曖昧態度左右搖擺，不僅不受西歐歡迎，也對亞洲造成莫大傷害，身爲戰後文學的一份子，他希望正視隱藏在黑暗的扭曲歷史，徹底破除因爲戰後繁榮更加滋長的「曖昧」態度，眞正關懷被害者的苦難，對全人類的醫治和和解盡一份心力。

懷著人文主義的大江健三郎，明確反對天皇制，他認爲天皇應背負戰爭責任，當天皇要頒發文化勳章，他一口回絕。

一介文人，一口回絕當權者的籠絡，他不可能不知道其他獨行者的下場，站在受害者一方，看世界的角度是不同的吧。

長崎是日本接受西方文明的窗口，爲亞洲的現代化灑下了第一顆種子，卻在綽號「胖子」的原子彈中夷爲平地，市民遭受難以想像的恐怖折磨，對人類造成的傷害，目前還無法看到終點，對長崎的第三個印象，雖然我不願意承認，那就是「原爆以及遭受原爆以後展現的人性尊嚴」。

全家就是你家

康德說：「美是無目的的快樂。」在旅途中的適應力，彈性很大，就算天天露營，也安之若素，但是有機會到達一個深具美感的生活空間，不再是流浪的吉普賽人，那種身心的安頓與喜悅，難以形容。

↑武雄溫泉。

多年在日本旅行，對當地民情略有所知，一般日本人很有禮貌卻很見外，很熟的朋友才會邀到家裡作客，陌生人不可能登堂入室，不像台灣人對遠來的人隨和熱情，很多外國車友來台灣環島時，常常都是在途中偶遇的人家中，受到熱烈款待。

離開長崎往北，接連造訪兩座溫泉，兩個在街上偶遇的朋友，卻都在第一時間，決定收留我們，感受到九州人迥然不同的「民情」。

從長崎往北，車流量大，車道狹窄，轉到三十四號公路，七彎八拐才找到單車道，和高速公路分道，安心多了。接近中午，看到豬排專賣店，在門口等待，當第一個客人，果然是存青愛吃的豬排飯，要自己壓碎芝麻，豬排醬還分赤及黑兩種，紫米飯、味噌湯和高麗菜沙拉都可以免費加量，外皮炸得香酥內層豬排卻保持了鮮味，和切得細細的高麗菜一起吃，爽口鮮美，美食就像石油，為大量消耗體力的單車騎士，提供前進能量。

傍晚到達大村，在遊客中心詢問露營地，準備前往途中，存青停下來把太陽眼鏡換成一般眼鏡，有一個寄信中年人經過，好奇詢問，展示車後旗子，表示我們從台灣來，正在進行環中國海旅程，他馬上邀請我們到家中休息，看他白髮蒼蒼，曬得黝黑的健康膚色，維持良好的身材穿著褚紅色襯衫和休閒短褲，應該是住在附近的專業人士，和存青互望了一眼，點點頭，他途中打電話給太太，走到別墅門口，才說：「我和我太太說過了，歡迎你們今晚住在我家。」

只有一層樓的別墅，內部坪數不大，卻處處可見女主人的巧思，日式簡潔的開放空間，客廳牆上是攀爬好幾圈的黃金葛和小畫，有年代的木質地板，在餐桌下鋪了一塊富麗的波斯地毯，右側相連的榻榻米房間，有一張小茶桌。

青木先生帶我們到左側房間，推開門，雅致的壁龕中央，是「仁風導和氣」的書法，下方是木雕觀音像，插了一根樹枝的白色寬肚瓶，側立的古董盤子，這就是今晚的住處了。

康德說：「美是無目的的快樂。」在旅途中的適應力，彈性很大，就算天天露營，也安之若素，但是有機會到達一個深具美感的生活空間，不再是流浪的吉普賽人，那種身心的安頓與喜悅，難以形容。

晚上，青木太太特地做了牛排犒賞我們，平常飲食清淡，中午剛吃了豬排飯，晚上又有牛排大餐，眞是豐盛的一天。

隔天早上，吃著歐式早餐，得知我們下一站是嬉野溫泉，青木先生擔憂地說：「這一段路很陡。」

「如果你們也想去泡溫泉，那就可以麻煩你們載行李了。」存青開玩笑說。

「如果妳們多留一天，明天可以一起去泡溫泉。」開設美容院的青木太太明顯想要「護航」。

晚上吃完飯，聽到青木先生是海軍退休，十八歲入伍，馬上問他對知覽特攻和平會館的看法，他答：「那些隊員很可憐，有很多學生去看，這是很好的。」看到我不以爲然的表情，繼續說：

「日本對鄰國做了很不好的事，經歷過戰爭殘酷的人，不希望再有戰爭，但是年輕人不知道戰爭的可怕，而且現在資源分配不均，人的欲望無窮，可能還會有戰爭。我的太太是廣島人，和長崎一樣，經歷過原子彈的痛苦，特別反對戰爭。」

關於戰爭的話題延續到隔天。陡峭山路就像合歡山莊往武嶺那一段，少了沉重行李，腳力強健的我們輕鬆快踩，以超乎預期的速度到達嬉野溫泉，好整以暇地等待開車來的青木夫婦，青木先生佩服地說：「原以爲半路就追上了，沒想到你們這麼快。」吃完午餐，在名列日本三大美肌溫泉的渡假勝地泡湯。

臨別前，坐在溫泉飯店的大廳沙發，青木先生以誠摯的眼神凝視著我，說：「昨天看了你接受採訪的電視節目，我知道你是一個有影響力的人，日本以前對中國做了很多不好的事，這是不對的，但是，我看了很多有關大陸的報導，大陸的環境問題正在急速惡化中，你接下來會到大陸，請你轉達——我希望他們重視環境保護，麻煩你了。」從戰爭忽然跳到環保問題，詫異地望著他，很難形容的熱切眼神促使我點頭，這是一份善意，雖然不大，但是已經點燃了。

↑特來送行的青木夫婦。

把行李放上協力車，揮別青木夫婦，過了嬉野溫泉，路況果然好多了，傍晚順利到達武雄溫泉古鎮，有千年歷史的武雄溫泉，以溫泉大浴場門口的朱色「樓門亭」聞名，中午剛泡過嬉野溫泉，不急著尋找湯屋，在古色古香的老街上問路，想找一間便宜旅社，明天再去泡湯，圍了一群婆婆媽媽，七嘴八舌地討論：

「哪一間比較好呢？」「喂，那間的電話你有吧！」「那間太遠了。」忽然，一家人走過，一個方頭大耳、理平頭腆著大肚子，有江湖氣，手上抱著一隻瑪爾濟斯的歐吉桑大聲喝問，搞清楚了以後說：

「不用麻煩了，台灣人嘛，就住我家吧。」其他人彷彿鬆了一口氣，一致認爲他是適合人選，人群一下子就散開了。

↑溫暖的花谷先生一家人。

跟著顯然對台灣非常友善的歐吉桑走，他在全家便利商店的後門停下來，花谷先生指著二樓說：「這就是我家，樓下的超商是我開的。」不免想起那句著名的廣告詞——全家就是你家，一路上，全家便利商店是重要補給站，沒想到有一天會進駐，至少，買東西很方便。

從屋外階梯走上去，一走進去嚇了一跳，一般日本人的家，總是整理得整整齊齊，一塵不染，這裡卻像大學男生宿舍，髒亂不堪，小狗尿尿的地方，鋪上一疊報紙，看樣子是要累積幾次一起收拾，人來人往，花谷先生、花谷太太、太郎、次郎、華子，還有太郎的朋友，剛開始不習慣，很快明白，這是不拘小節的一家人，大家各過各的，完全自由，唯一的守則是不可以吵睡覺的人，因爲「全家」輪班經營「全家」便利商店，花谷先生自豪地說：

「每個房間都有獨立通道可以上班。」他十歲父母就去世了，跟著雙胞胎姐姐相依爲命，他年輕時做過很多種工作，買下現在的房子，經營全家超商已經二十年了，小孩接班，他有較多時間。

花谷先生常到台灣，認爲台灣人和九州民風相似，會熱心幫助陌生人，就像「佐賀的超級阿嬤」。

花谷先生得意地說：「我在電影『佐賀的超級阿嬤』也演了一個角色。」原來，這裡就是昭廣（書中主角）的故鄉啊，電影裡那位窮得要命又充滿智慧的搞笑阿嬤和昨天問路的那些婆婆媽媽倒有些相似，電影中，我印象最深的一句話是「人到死都要懷抱夢想！即使不能達成也無妨，因爲終究是夢嘛！」在物質缺乏的年代，阿嬤讓昭廣的童年不虞匱乏，充滿了笑聲和溫暖。（書籍8）

原本全家一起躲在鄉下，避開了廣島的原爆，在原爆第二天，昭廣的父親因爲「想回廣島去看看」一去不回，留下昭廣這個遺腹子，必須工作的媽媽獨自一人無法照顧兄弟，無奈之下把昭廣託給佐賀的外婆。

提到原爆，平常總是天不怕地不怕的花谷先生低聲說：

「武雄距離長崎只有四十公里，我父母聽到爆炸聲，也看到原子雲，當時，很多長崎人走到鄉下找親戚，臉上都是燒傷，有些人半途就死了，政府隱瞞消息，沒有人知道那是原子彈，五年後，看到美國公布的照片才知道原爆，也不懂什麼是放射線，戰後的廢鐵及廢五金，全部用於建造新幹線和東京鐵塔。」在原子彈爆炸後，不知道有多少人像昭廣的爸爸一樣，因爲不知道核輻射的傷害，回到廣島及長崎，一去不返。

說完，花谷先生又恢復平常的大嗓門說：

「我明天有空，你們想去哪裡？我開車帶你們去玩。」

「有田燒」存青轉述了我的願望，從一開始旅行，就對陶瓷器非常著迷，在歐洲旅行一年時，著名的三大名瓷，都特別騎單車造訪過，可惜無法攜帶，當時在日記裡寫下：

「荷蘭台夫特瓷器最能表現純樸農村風味，沉鬱藍陶層次分明，丹麥哥本哈根瓷器最能表現貴族特質，就算只是簡單的花草圖樣也非常高雅，瑞典蘿絲翠瓷器最有現代感，線條簡潔充滿創意，共同點是成套的餐具組動輒一二十種，讓人可以根據自己家庭的需要搭配餐具。」

聽到我對有田燒的嚮往，喜愛美食的花谷先生，露出「沒問題，包在我身上」的微笑，花谷太太也很高興地露出「哎呀，那有田燒可美了」的可愛神情，這對夫

←有田地區出口的瓷器統稱為「伊萬里燒」，透過和絲路齊名的「海上陶瓷之路」，行銷歐洲。

妻眞是一對寶。

隔天，搭上花谷先生的車，直接殺到九州陶瓷文化館，從頭了解。

十七世紀初，豐臣秀吉出兵攻打朝鮮，敗於中朝聯軍後，強行帶回朝鮮陶工李參平，李參平在有田市的泉山發現陶礦，率領陶工造窯，傳授骨瓷的技藝給當地人，從此有田地區成爲日本第一個瓷器重鎮。當時，中國正逢明末清初的動亂，對喜好中國瓷器的歐洲貴族來說，質地精良的有田燒成爲替代品。

有田燒在有田市西北郊的伊萬里港裝船，經過長崎出島，繞道東南亞前往歐洲，因此，有田地區出口的瓷器被統稱爲「伊萬里燒」，這一條和絲路齊名的「海上陶瓷之路」，盛行百年。

想起曾到訪台夫特（Delft）荷蘭皇家藍陶工廠有類似的故事，開業於一六五三年，是歐洲現存最早的瓷器工廠，位於陶瓷之路的另一端，也是趁著中國動亂，荷蘭東印度公司商人無法順利取得中國瓷器之際，把握機會仿造以假亂眞的中國青瓷，後來發展出獨樹一格的「白底藍陶」（Delft Blue），奠定荷蘭瓷器的特色，進而影響歐洲陶瓷的發展。

中國、荷蘭、日本，在這條獲利豐厚的海上陶瓷之路，發現台灣也扮演了重要角色，協助有田窯業從中國運來釉原料和技工的長崎華僑商人林四官和八官兄弟，都是鄭成功同黨，據日本學者考證，直到十七世紀中期，佐賀藩仍經由鄭成功的船隊，進口彩釉原料，並輸出有田燒至巴達維亞城（印尼雅加達），轉運到荷蘭。

看著不同時期的有田燒，從青花瓷、白瓷、彩繪，到後來發展出的柿右衛門、古伊萬里和鍋島式樣，景德鎮的影響明顯可見。

看完高居廟堂的古瓷精品，更想看的是發揮創意的現代有田燒，花谷先生特地帶我們去看了幾個知名品牌，他指著一個標示日幣百萬的瓷器不無驕傲地表示：

「我也有一件，比這個大。」

「那就是擠在客廳角落，裡面塞了皮球的那個瓷盆。」存青驚訝地說，在雜亂客廳竟然有一件精品，真是有眼無珠。

「不必買，下次我去台灣，再送你幾件。」花谷先生聽到我們想買有田燒拜託他幫忙帶回台灣時回答。難道——我們每天大快朵頤的家常碗盤，都是名家精品？

連續泡了兩天武雄溫泉，以前豐臣秀吉給士兵治病的名泉，最特別的是復原的溫泉新館，大如保齡球場的朱漆木造建築，當年盛況空前，現在，大理石八角浴池改成泡腳池，大休憩室的一隅販賣當地名產，濃濃的懷舊氣氛。

我家就是你家，連泡了兩個溫泉，遇到兩個完全不同的家庭，卻都主動提供協助，在佐賀超級阿嬤的故鄉旅行，感受到濃濃的人情，不過，要趕緊上路，天氣愈來愈冷了。

德不孤必有鄰

意外看到唐津燒，想起台灣的生活陶，對美好生活的想望，是放諸四海皆同的，德不孤，必有鄰！

多久聖廟，躲在一間傳統日本茅草屋頂的房子，望著外面淅瀝冷雨，暫時是走不了。

往唐津途中，看到一間多久麻糬老店，黑杉木的老鋪裡隔著大片玻璃可以看到蒸汽四溢的廚房，動作俐落的師傅正在做著傳統糕點，另一面玻璃正對著禪風的日本庭園，錦鯉在池中悠遊，快到中午，決定在此用餐休息，門口還有一個標示，從小路進入就可到達多久聖廟（孔廟），看過琉球孔廟，九州孔廟當然不可錯過，吃完類似發糕的甜酒點心後，決定一探究竟。

↑日本九州多久孔廟。

陰沉天空在我們抵達孔廟門口，決定發威了，來不及參觀，匆匆忙忙跑到一個茅草房子避雨。騎了一上午，又剛吃飽，昏昏欲睡，本想多趕一點稿，無能為力。平常惜字如金，寫作速度永遠趕不上行程，人已經快到九州終點，卻還在寫沖繩的文章，壓力很大，掙扎了一分鐘，兩個人各據一條沙發椅，一下子就沉入深沉眠夢中，不知身在何方，醒來，才知道這個茅屋是「陶祖李參平顯彰庵」，就是那個豐臣秀吉從朝鮮擄來的陶工，日本人尊為「陶祖」的李參平，他初到佐賀，先在這附近建窯，後來在有田發現優良陶礦，才移往有田，傳授燒窯技術，奠定日本瓷器基礎，牆上還有他的肖像畫，我們竟然在立碑紀念的顯彰庵內，大剌剌睡著了，不知者無罪吧。

雨幕中的孔廟，空無一人，可能是天雨遊客少，連管理員也走了，曾列名日本三大學問的儒學，門下冷清至此。後來到曲阜孔廟，倒是遊人如織，嚮導用麥克風解說的聲音不絕於耳，經過文革徹底破壞，歷年受皇家禮遇的儒學殿堂落難，淹沒在蔓草中，來到二十一世紀，在改革開放的浪潮下，孔廟翻身成為熱門景點。

雨停了，興趣不大的存青在原處休息，我懷著虔敬的心朝聖，迎面是「德不孤必有鄰」的石雕，孔子七十七代嫡孫女孔德懋於二〇〇二年題字，時代真的不同了，連嫡孫女的書法都可以立碑，在從前男尊女卑的儒家社會，幾乎不能想像。

看到「朋來庵　有朋自遠方來不亦樂乎」的石雕，倍感親切，似乎是今日的寫照，還有一個「夢想庵」，厚重的楷書刻在大石頭上，不知道其中出處，像是為今日偶遇，埋下伏筆。

綠樹森森包圍的孔廟，採取重簷歇山屋頂，正面是唐破風，展現莊重華麗的明清風格，內部裝飾著麒麟、鳳凰、龜龍、草木魚等朱漆彫刻。正中央有一座八角形被指定爲文化財的聖佛龕，供奉孔子像，兩側有顏子、曾子、子思子、孟子四位賢哲陪祀。

這座孔廟由地方諸侯建於西元一七〇八年，是日本現存最古老的孔廟，和東京、長崎的孔廟並列爲日本三大孔廟，以祭孔大典聞名，當時在孔廟就讀的弟子，上午讀經，下午練劍，以儒學培養武士的品德，從前，多久只是一個小村落，卻在當地邑主的提倡下，勤奮好學，甚至當地俗諺有「多久的麻雀也會讀論語」之說，看來，我也是多久麻雀，從小在慈光佛教圖書館附設的兒童讀經班，吟哦背誦，儒學深入潛意識，念念不忘孔老夫子的諄諄教誨，不自覺追尋他的蹤跡。

在雨後的清新空氣中離開靜穆的多久聖廟，琉球孔廟同樣冷清，偶有一二信徒祭拜，遠遠不如隔壁神社的鼎盛香火，在五世紀傳入日本的儒學，在高度資本主義發展的日本社會，是扮演什麼角色呢？

德不孤，必有鄰？

唐津城，雖然腹地不大，本身知名度不高，爬到天守閣的第五層，從位於唐津灣小山頭俯瞰，胸懷爲之開闊，論視野，唐津城絕對値得列入前三名，遠方的「虹之松原」像一道鑲黃邊的綠色漸層彩虹橫亙在松浦瀉，四百年前第一代藩主爲防風防潮種植的百萬棵黑松林，東西長約五公里，南北寬約一公里，彷彿鶴之雙翼，昂首向天的天守閣像是鶴首，因此唐津城又有舞鶴城之稱。

遠望橫亙出海口的舞鶴橋，看不見存青和協力車，剛才在對岸橋頭，她臉色鐵青地望著唐津城說：「你去就好，我不想騎協力車上去。」她看顧行李兼休息，我可以從容細看。

唐津，顧名思義就是通往中國的港口，七世紀時，附近的加部島是遣唐使離開日本的停泊港，到了十六世紀，豐臣秀吉打算進攻朝鮮半島，在此建立名護屋城，當作補給與聯繫的根據地，現在的唐津城，就是採用名護屋城拆除的石塊所建的。

海路，一向是貿易的重要管路，隨之而來的文化交流，讓九州呈現了獨特的開放特質，對異文化的吸收能力也較強。

對歷屆城主興趣不大，卻意外發現了「唐津燒」，有田燒是日本瓷器的發源地，從伊萬里港出口經長崎的出島到荷蘭，而佐賀和長崎的陶器，則是經由唐津運送到日本各地，因此「唐津燒」在日本西部就等於是陶器的代名詞，十六世紀末，

一批從朝鮮渡海而來的陶工，帶來了「轆轤」，這種木製的旋轉工具，使陶器邁向了大量生產和發展，穩重結實的唐津燒從茶碗、碟子、陶罐、花瓶到日用雜貨應有盡有，尤其以茶器著名，深受茶人喜愛。

看著唐津燒樸實的圖案和厚重的造型，不得不承認，與瓷器相比，更欣賞陶器的質樸之美，深受台灣生活陶文化的薰陶，台灣庶民生活的美感和創意，常讓人愛不釋手，出發前不久，才剛到鶯歌的陶器街和三義的木雕街，雅俗並陳的陶器，擺放在小店或藝廊角落，就算只是看看，都讓人欣喜若狂。

走過舞鶴橋回去找存青，還沒告訴她發現唐津燒的驚喜，她說：「我認識了一個有趣的伊東阿嬤，她有很多你喜歡的陶器哦。」走了不一樣的路，殊途同歸，被朋友戲稱為「緣分製造機」的存青，連留在空寂無人的橋頭休息，都會認識有趣的人。

她帶我走進橋頭邊的「基幸庵」茶館，還沒正式營業，寬敞的倉庫式建築全部是保留自然紋路的木材，採用傳統的卡榫技術，沒有用一根釘子，由伊東阿嬤親自設計，請擁有傳統手藝的老師傅施工。

"It is my dream."伊東阿嬤長得像櫻桃小丸子的媽媽，慈祥可愛，當她用英語說這是她一輩子的夢想時，臉上浮現一朵幸福的微笑，她是唐津的超級阿嬤吧。

茶館提供佐賀的嬉野茶和福岡的八女茶和矢部茶，還有日本紅茶及依季節更換的和果子，就這樣，菜單非常簡單。

→洋洋閣是大正時代風格的日式旅館，每一個角度，都像一幅山水畫。

在茶館角落，果然有唐津燒，還有藍染，漆器、玻璃、人形等當地工藝品，在投射燈下，展現藝術家的創意。

「我選的都是年輕陶藝家的作品，價格沒那麼貴，因爲我想要讓更多人接觸。」伊東阿嬤解釋她的用意，當她看到存青用手提電腦展示台灣陶藝家作品，好奇地細細研究，然後說：「你們有沒有時間，距離一個小時車程的地方有幾個陶藝家的工作坊，我可以帶你們去。」存青委婉解釋，已經延後過一次韓國船票，不能改期，也和福岡朋友約好，今天一定要到，她不放棄地說：「那我介紹你們去看一個陶藝展，走路只要五分鐘。」

沒多久，一位氣質典雅穿著改良式和服的銀髮女士出現了，她是「洋洋閣」旅館的大河內太太，她聽了伊東阿嬤興致高昂的介紹，另眼相看，聽存青說我喜歡《源氏物語》，馬上說：

「唐津就是書中一位女主角長大的地方。」

「你是說夕顏的女兒嗎？」遠離京城成長的女主角只有一位，一時忘了玉鬘的名字，在紙上寫下「夕顏」，玉鬘是當朝大官的私生女，她的母親因遭受情敵忌妒作祟而死，她的父親努力尋找孤女，卻遍尋不著，孤苦無依的她隨著奶媽移居偏遠鄉下，出落得標緻秀麗，性格溫柔，卻引起豪族武士的色心，想要搶娶爲妻，在婚禮前夕，奶媽帶著她倉皇逃走，搭乘快船回到京城，爲尋訪母親下落虔心拜佛，竟然巧遇當初陪伴母親的侍女，引發一連串故事，名動京城，世家子弟爭相追求……

熟讀《源氏物語》，想起唐津當時在紫式部筆下是「遠離京城土里土氣的落後地方」，不過，能夠列名平安朝的古典名著，應該是一種光榮吧，唐津位於文化交流要道上，現在已經是個有豐富內涵的海岸城市了。

與大河內太太分享這個想法，她頻頻點頭，欣然同意。

離開前，猶豫再三，看著唐津燒樸素圖案，溫暖的觸摸感，使用愈久，顏色愈鮮豔，忍不住買了一套茶碗和茶盤，打算先寄放在福岡朋友家，再想辦法運回台灣，雖然運送麻煩，捨不得割捨，這是陶瓷愛好者的痛苦吧。

和可愛的伊東阿嬤道別，跟著大河內太太，果然離基幸庵不遠，就到了一間大正時代風格的純日式旅館，洋洋閣的執行董事大河內先生到門口迎接，他的表情雖有一絲詫異還是謙恭有禮問候，聽大河內太太說明後，特地帶我們參觀中里太龜的陶藝展，陶藝家從一九八八年開始師從父親——國寶級的唐津燒傳人中里隆，五年後開始展覽作品，看他的「唐津南蠻鉢」、「唐津南蠻缸」等作品，皆屬於古樸厚重之風，以海鮮會席料理聞名的洋洋閣，都是以中里隆和中里太龜製作的食器待客，美器佳餚，一定更有味道。

一抬頭，看到陶器上方的檯燈，很像北歐設計，大河內先生欣喜地回答，那是丹麥設計師的作品，看我們是內行人，又積極帶領我們到另一個展示室，介紹這是中里花子——中里隆的女兒，曾經到美國留學的陶藝家，明顯和父兄的傳統唐津燒不同，富有現代感，並且在外型上做了很多有趣的創新，展現斷裂和傾斜的不規則美感。

除了陶藝展，最讓我們大開眼界的是庭園，可能是鄰近「虹之松原」的關係，庭園奢侈地以一望無際的松林爲背景，環繞著房間和迴廊，老松、池魚、石垣錯落，每個角度，都像一幅山水畫，站在園中，可以聽到陣陣潮聲，相比之下，知覽的武家屋敷，就少了這種與大自然合一的悠然情趣。

正在驚嘆，大河內先生回來了，他抱歉地說：「因爲洋洋閣採取預約制，剛才我到廚房查看，沒有多餘食材，中午請您兩位委屈一下，和我一起吃拉麵好嗎？我會準備視野最好的房間。」意外驚喜，可以在這種環境用餐，不管是什麼食物，應該也會津津有味吧。果然，他安排了兩面皆可賞景的房間，一起愉快地吃「拉麵」，交換對九州文化的看法。

感謝他「不見外」的破例招待，可見他多看重這兩個不速之客，誠懇地邀約他和夫人到台灣來，讓我們介紹他認識台灣文化。

不能再久留了，今天要進大城市，一定車水馬龍，本想早點到達，方便找路，結果因爲「我想看一下唐津城」繞進唐津，引發了「基幸庵」、「洋洋閣」的額外行程，距離福岡還有五十二公里，都是曲折的海灣公路，騎著協力車，要摸黑趕路了，不知道幾點才能到？

不過，意外看到唐津燒，想起台灣的生活陶，對美好生活的想望，是放諸四海皆同的，德不孤，必有鄰！

←開朗的伊東阿嬤透過親手打造的「基幸庵」茶館，分享對藝術的喜愛和慢活哲學。

Tea & Space
基幸庵

舊唐津街道

二〇〇七年的夏末到初秋，在外表看似不變其實內裡劇烈改變的日本，以協力車的速度，在日本邊陲，畫出了一條深淺不一的軌跡，偶遇的朋友就像是「一日良師」，展現他的日常生活、人生哲學，深自期許，寫下每一個人的故事，映照時代的機遇與幽微……

一

要去搭船那天早上，離開歐腳三日的王府，在姪浜區住宅大樓斜對面的住吉神社前，看到一個指示牌——舊唐津街道，江戶時代的高速公路，從現在的北九州市經福岡到唐津，姪浜地區有供應食宿的福岡藩茶屋，本地的漁業、海運業和良質鹽業也很發達，現在還有一些老街，令人緬懷江戶風情。

那一刻，無根漂移的現代都會，搭上了歷史長河，看似尋常的巷弄，原來在日本鎖國時期，是重要的交通要道，難怪在大型商業設施中，夾雜了鮮魚店、肉店、蔬果店、鐘錶店等白牆平房的老字號，趁著我在趕稿，存青去老店學做味噌，以前日本主婦都會自製味噌，現代生活繁忙，幾乎都是到超市購買，失去了「媽媽的味道」，在天草的中井先生家喝過他自製味噌煮成的蔬菜湯，才知道平常喝的量產味噌，只有強烈鹹味，比不上自製味噌，清淡甘甜又有豐富變化，眞的是不一樣，味噌的主要材料是上等梗米、大豆和鹽，做法卻非常繁複，分別加入米麴黴、酵母和乳酸菌，自然發酵而成，一般需要一個月到六個月，甚至有些特殊味噌發酵期是一年到三年，沒想到味噌有這麼大的學問，存青津津樂道，和她一起上課的都是像日本漫畫中的可愛少女，戴著卡通圖案的頭巾、圍裙，在穿著打扮是基本禮儀的日本，果然是做什麼像什麼，下一次，也要爲存青準備一身行頭，輸人不輸陣。

深受家庭主婦歡迎的味噌專賣店，剛榮獲福岡都市景觀獎，年久失修漏水的建築需要維護，店主白水夫婦整修時，特地保留了明治初期的外觀。在太平洋戰爭末期，美軍密集空襲，福岡市有百分之六十地區化爲焦土，舊唐津古道旁的老街，顯得特別珍貴。

行前，好友Kiki叮囑我們到福岡，要拜訪他在廣島大學研究所的學長——西南大學的王孝廉教授，他也是知名作家，筆名王璇，一家人都很有意思。

第一個熟悉的是王太太，我們稱爲張姐，她隨夫定居福岡三十年，從事日本文學、歷史書籍的中譯工作，又學了多年的夏威夷舞，作砂畫，喜歡逛古董市場，發掘個性咖啡館，生活多采多姿，她提供的是人妻實用地圖，這時，我又面對一個亙古難題了，將近十年的旅行寫作生涯，在路上餐風露宿，總是不方便寫稿，有幸住

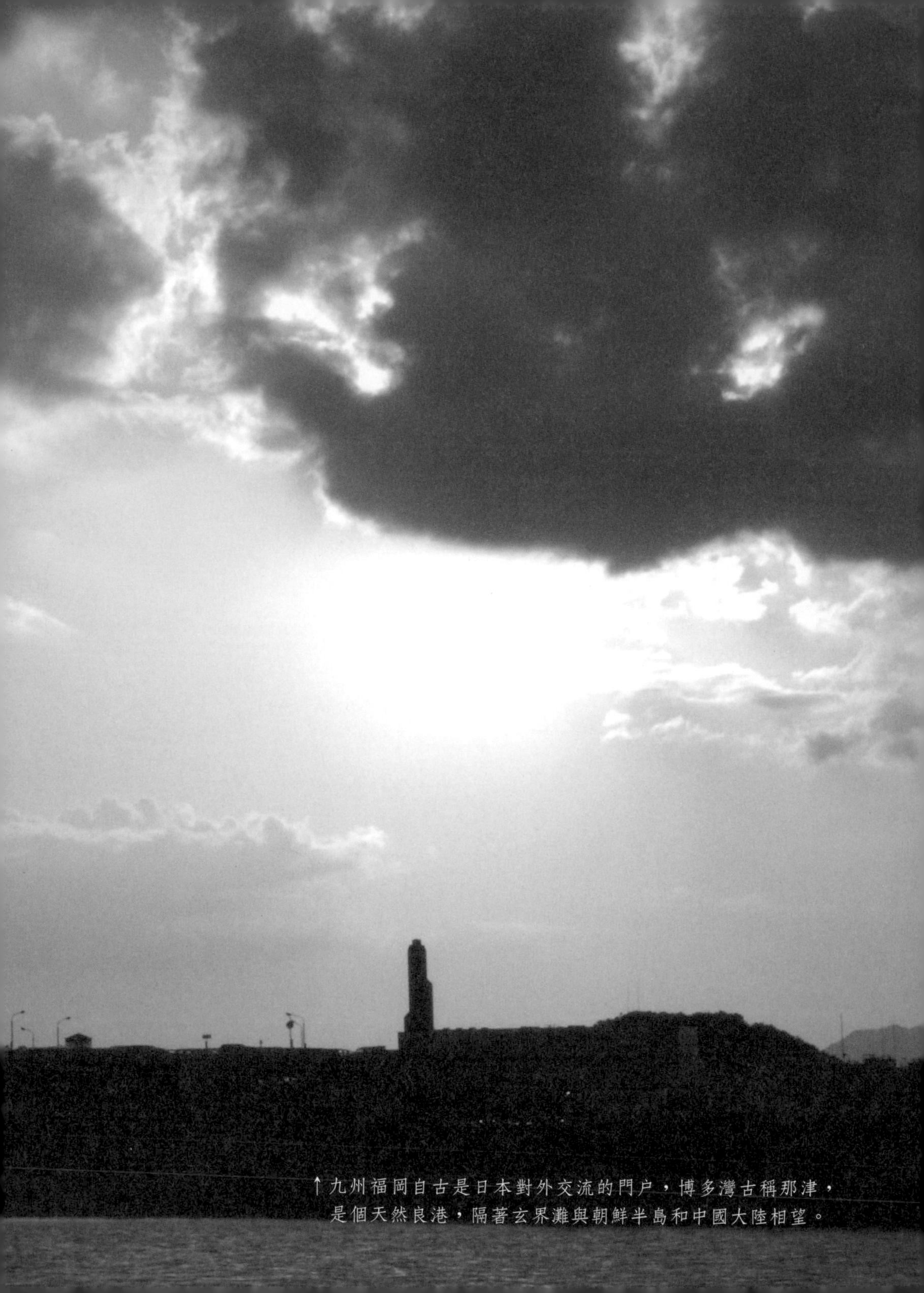

↑九州福岡自古是日本對外交流的門户，博多灣古稱那津，
是個天然良港，隔著玄界灘與朝鮮半島和中國大陸相望。

在當地人家中，要什麼有什麼，就是最難得的趕稿時光，暫時紓緩連載壓力，因此，當朋友想要介紹當地特色時，我常常處於「再給我一點時間，我快要寫好了」的煎熬狀態，要把我拉離開電腦前，實在很不容易，存青則忙於整修裝備，準備接下來的行程，寄自製明信片及禮物給偶遇朋友和家鄉親友，兩人從早到晚工作的拼勁，常讓當地朋友嘆爲觀止，記得花谷先生看到我整天窩在小桌子前全神貫注，搖頭說：「你和我女兒一樣，很用功。」不過，豪氣的他也成功拉我去看了有田燒！

交出兩篇專欄文章，鬆了一口氣，與王教授有了更多交流，他是神話、人類學者，研究邊疆少數民族，近年一有空就往雲南瀘沽湖跑，次數之多，老友常戲稱他在當地有了秘密情人。

平常寡言的他，燒酌下肚，完全變了一個人，滔滔不絕，在日式串燒店，烤肉滋滋作響，夥計大聲吆喝，他大談寫作心得，一針見血，聽得津津有味，收穫良多，僅摘幾例與大家分享：

——臺靜農說：「寫文章不要華麗，要澀一點，林文月的就好。」

——寫作，隱藏在文字背後的意思最重要，得道忘言。

——寫作的心境要平，不能自己哭，要讓讀者哭。

——不肉麻，不討厭，平淡最難。

——想寫什麼就寫。

二十七歲來日本求學至今，他大半輩子在福岡，日本就像是他的第二故鄉，看他壯年出版的二十多本書，卻多是中日之間的心理糾葛，或許，那代表了他初到異鄉的徬徨心情，在秋燈夜雨下，對著故鄉人描繪異鄉形貌，在想像中產生某種連結，就像是一種思念吧。不過，到達知天命的年紀，他領悟到「每個人的才氣和精力都是有限的，就像一支牙膏，總有擠完的時候。」他逐漸離開文學進入人類學領域，文學創作就少了。

提到台灣，和其他移居海外的人一樣，口氣中總有某種恨鐵不成鋼的焦急，至今追著台灣新聞，心情隨之波濤起伏，談了半天，他領悟地說：

「我現在發現，所有的事都是大小的問題，有些人格局太小，無法溝通的。」

「不用急，台灣人的靈活度很高，就算走了岔路，很快會找到出路的。」

兩人的兒女都大了，已經當媽媽的女兒想當漫畫家，現在是名漫畫家的助手，

（↑上）親切的王教授和張姐。

兼顧家庭；兒子是日本文壇的新銳小說家，在台灣出生，日本受教育，後來還到中國大陸讀研究所，中、英、日文都好，已出版好幾本頗受肯定的硬漢派（hard-boiled）小說，作品特色是描寫來自亞洲各國、在日本求生存的邊緣人，充斥衝突、犯罪、愛恨等，他也做中、英作品的日譯，不過仍然無法過專業寫作的生活，平日除了爲報紙寫電影專欄，還在大學兼任講師，但張姐對兒子很有信心，王教授看了兒子的小說則有「長江後浪推前浪」的感概，對兒子小說中的語言文字和內容思想，有著內行人的肯定，移居日本的下一代，在異域長出了瑰麗的花朵。

後來，收到Kiki轉寄台灣媒體刊載的好消息：台灣出身、旅居日本福岡的青年作家王震緒（筆名東山彰良）所創作的推理小說集《路旁》，榮獲日本第十一屆大藪春彥文學獎，獎金高達五百萬日圓（約新台幣一百九十四萬元）。

其實這已經是他在日本拿到的第二個文學獎。第一個反應是爲張姐和王教授高興，天下父母心啊。

報導中也提到王震緒五歲隨父母到日本，往來台日之間，九歲正式定居福岡，成長過程產生的認同危機，他感覺「自己無論在哪裡，都只是一個過客」因而作品風格也十分異國化，融合了中國、日本、美國的文化內涵中的諸多元素。

發現父子兩代的小說家，雖然風格完全不同，卻同樣懷著對現實的不滿，在自古受到多元文化激盪的城市，同樣選擇以文學創作實現自我救贖，不能不說是一種命定的巧合吧。

黃昏，是一天最大的享受，王府的視野良好，倚山面海的海港城市，在十二樓的大片玻璃上，清清楚楚，散步路線是朝著海邊走，經過舊唐津老街，小漁港，大約十多分路程，走到延伸入海的堤防，很多市民在堤防上散步、釣魚，從海上回望，福岡巨蛋、海鷹購物廣場等現代建築像玩具模型，一字排開，姪浜區的住宅大樓前有綿延沙灘，家門口就是海水浴場，東方的海中道連接著志賀島，像是福岡港的臂彎，能古島和玄界島，一內一外擔任守衛，西邊的摩天輪在夕陽下，緩緩轉動。

回想八月二十八日在基隆搭上往那霸的飛龍號，十月十五日將在福岡搭山茶花（Camellia Line）號到釜山，這一個多月，從沖繩、屋久島，到九州，用緩慢的速度移動，接觸了各階層的日本人，從企業家、茶藝師、大學教授、美容師、漁夫、

導演、新民謠歌手、自助旅行前輩、退伍軍人、校長、旅館老闆、自給自足的農夫、警察、政治家、記者、茶屋老闆、家庭主婦等，每位朋友就像是「一日良師」，展現他的日常生活、人生哲學，共同點是良好的公民素養，爲團體著想的思考模式，深厚的生活美學，謙恭有禮的舉止，但是，「日本」並不是一個集合名詞，而是一個又一個活生生的「人」所組成，深自期許，寫下每一個人的故事，映照時代的機遇與幽微，箇中曲折，就由正在看書的「你」來評斷了。

當然，既然是人，有優點也會有缺點，很在意別人的看法、自信心不足、不願說出眞正想法、相當注重細節忽略基本邏輯、看似熱絡實則保守、固執決裂的內向性格，這些都是日本朋友常見的習性。

可能因爲一九九〇年代到東京遊學及旅行，接觸的都是日本社會的「邊緣人」，脫離原有社會網路的浪人，外遇的同居伴侶，酗酒的高級壽司店師傅，比較不會受到東京高消費的絢爛外表迷惑，而是從底層仰望日本——工作是存在唯一的價值，不容許標新立異，難以逃脫的壓力，看到很多善良的人在畸形發展的社會裡掙扎，了解生存其中的艱難，抱著體諒心情，自然容易和日本朋友深入交往。不久，日本的泡沫經濟破滅，進入「失落的十年」，然而，日本政府遲遲不願面對銀行的不良資產問題，眞正的金融大手術拖到二〇〇一年小泉首相上台啓動，到二〇〇五年銀行壞帳的清理才眞正告一段落。

這次來訪，整體印象是在井然有序的外表下，「整個社會失去了活力，死氣沉沉」，當然，這是個人感覺，很難說得清楚，有一天，在春日溫泉的休憩室，等待社長貼心準備房間時，隨手翻閱雜誌，其中有一篇文章，吸引了目光。

標題是「日本現在需要的是勇氣」，由經濟學者竹中平藏和企業家南部靖之進行對話，竹中先生說：

「十年的經濟不景氣，日本就像一個入院治療的人，摘除了不良債權的癌細胞，現在的社會失去了活力，死氣沉沉，在這十年中，中國改變很大，十年前中國的GDP是日本的十分之一，現在是十分之四（二〇〇七），到了二〇一〇年，中國就會超過日本，我們要好好加油。」

南部先生則是回應：

「國家價值不是只有GDP，所得少但是快樂的國家，例如義大利等，特別值得我們學習。日本現在需要的是多元化的價值觀，人生不是只有追求數字，國民快樂指數很重要……一個人擁有勇氣，會對全體社會產生鼓舞，所以，一個人的力量看起來很小，卻是現在最重要的事。」

看到這裡，悚然一驚，原來一個高度追求經濟成長的社會，「雁行理論」中帶領亞洲四小龍的日本，在兩隻老鷹（中國大陸和印度）的挑戰下，以前的量產優勢不再，倉皇四顧，暮然回首，才發現最重要的事是「一個人的勇氣」，勇於做自己，勇於與眾不同，回到人本的價值來思考，才是突破點。

看來，長久的療癒期，強迫不斷往前跑的社會，停下來思考，生病就像是排毒，讓思慮清明，必須重新定義社會和個人的關係，個人的喜怒哀樂，漸漸受到重視，而不是動不動就把「大我」的帽子壓在人的頭上，以前過度偏重群體，造成過勞死、中年離婚、不倫戀風行等特殊現象，如果，社會價值觀能夠更有彈性，支持個人追求不一樣的人生，質變造成量變，社會改變的活力就會出現。

二〇〇七年的夏末到初秋，在外表看似不變其實內裡劇烈改變的日本，以協力車的速度，在日本邊陲，畫出了一條深淺不一的軌跡，想起在唐津開茶館的超級阿嬤，她臉上幸福如花的笑容；在長崎原爆紀念館出口遇到原爆受害者第二代，他憂鬱的感激眼神；在天草狹小的農田上，謙卑和平的理想主義身影；在那霸小酒館，新沖繩民謠教父爆炸性的歌聲……這些動人臉孔，深深印在心裡，雖然只是短短交會。

福岡的落日，已沉到摩天輪後頭的山裡，明天，太陽將從東方的海上升起，又要出發了！

二・

到福岡，不能不到太宰府。

福岡自古是日本對外交流的門戶，博多灣古稱那津，是個天然良港，隔著玄界灘與朝鮮半島和中國大陸相望，公元五十七年位於福岡附近的奴國進貢漢朝，漢光武帝贈與「漢委奴國王」金印，金印於一七八四年在志賀島（福岡東區）重新出土，由整修農田水溝的農夫發現，轟動一時，現藏於福岡的市立博物館。直到七世紀後半，日本和百濟在白村江（白江口）大敗於新羅和唐聯軍，日本戰船全軍覆沒，爲了防範新羅和唐軍進犯，日本在那津的內陸設太宰府，建水城防衛，從此，太宰府變成九州的政治中心，東亞外交折衝的現場，與中國、朝鮮半島往來密切，不論是建造遣唐使船，發出入簽證，接待來使，都在太宰府進行，日本全方位學習唐朝的政治、經濟和文化，在奈良平安時代，太宰府城是除了首都以外的最大城市，儼然是東亞國際大都會。

走出西鐵的太宰府車站，在花花綠綠的旅遊地圖上，用原子筆畫了幾個圈，一向不喜歡走馬看花，又愛逛小路，所以只挑選二三個最有興趣的景點。

第一站是太宰府政廳遺址，以前人來人往的壯麗官署，毀於九三九年的「藤原純友之亂」，現在，變成一片荒蕪綠地，偶見斷垣殘壁，比較明顯的三塊是一九一四年的太宰府碑，一八七一年的都督府古址和一八八〇年的太宰府址碑，除此之外，就像一個尋常公園，很難想像當年記載在《萬葉集》的繁華景象，在中日交流史上的著名人物，空海、最澄、圓仁、吉備眞備、鑑眞和尙，都是經由此地出海或入境。

仿造長安城的太宰府政廳空餘遺跡，不過，東側的觀世音寺卻保存完好，唐朝風格的佛殿，回字型設計層次分明，這座觀世音寺是七四六年奈良時代、天智天皇爲了追悼母親齊明天皇（天皇女）而建的，寺內藏有被列爲國寶、日本最古老的梵鐘及平安至鎌倉時代的十六尊佛像。漫步其中，遊人不多，佛寺森嚴，可想見高僧輩出東渡傳法，九州佛教中心的盛況，算是意外驚喜。

第二站是天滿宮，人潮洶湧，天滿宮祭祀的是被尊爲日本學問之神的菅原道眞，太宰府天滿宮正是全國天滿宮的總本宮，地位崇高，據說過年短短三天，至少會湧入二百萬人潮，祈求「學業成就」，在九州最古老的繪馬堂上，看到掛滿了學子祈福的木牌。

一年四季祭典不斷的天滿宮，最別致的是三月的曲水之宴，穿著平安朝服飾的才子佳人，在古梅樹下，引曲水流觴，賦詩作樂，五世紀傳自中國的習俗，流傳至今，在太宰府的梅樹枯枝下，看到特地挖掘的彎曲渠道，想像春天六千多株梅花盛

↑太宰府天滿宮。

開時，舉辦以前只在書上聽過的賞心樂事，唉，眞不想說是「禮失求諸野」啊。

本殿、樓門、太鼓橋，走到天滿宮東側的曲水之庭，有一個仿古木造建築的入口，搭乘電梯往上，彷彿進入時光隧道，在通道出口，乍見藍色流線型科幻式建築，魄力十足，表面的鋼鐵透明玻璃，映照著山巒稜線，恰似兩條相依相偎的平行線，與大自然融爲一體，這就是二〇〇五年開館的九州國立博物館了。

一走進去，挑高宏偉的大廳，讓人感到大氣和開闊，白色透明玻璃的燈箱上是原木窗櫺，現代與傳統強烈對比，塑造衝突的美感，新鮮大膽。

從一樓搭電扶梯至四樓的文化交流展，主題是「海之道，亞細亞之路」，位於日本邊陲的九州國立博物館，提供多角度的視野，從亞洲史觀點捕捉日本文化的誕生，在舊石器的繩文時代，探討遠古遷移文化，展示東亞各地出土的陶器，彌生的古墳時代，介紹從中國大陸經朝鮮半島傳來的水稻文化，派出遣唐使的奈良平安時代，深受唐朝和佛教文化薰陶，中世紀的鎌倉室町時代，與中國、朝鮮和東南亞間的貿易往來，近代的安土桃山到江戶時代，在鎖國時期透過特定窗口與西方各國交流……

除了歷史文物展示，多媒體電腦動畫，透過很多體驗式設計，讓人直接參與外來文化和九州的互動過程，例如多國語言的碰觸式電腦解說，自由敲打的中國樂器，歡迎觸摸嗅聞的遣唐使船上的檀木香料，復原的太宰府政廳模型和玩偶，水城的模型展示等，像一個好玩的歷史遊樂場。

走一趟下來，腦中出現在陸上長途跋涉的商隊和海上乘風破浪的逐浪兒，透過他們，東亞（包括現在的越南）形成了漢字文化圈、儒家文化圈、稻米文化圈、筷子文化圈……這些熟悉事物，並不是天上掉下來的，而是漂洋過海，透過代代相傳，來到我們身上，長年在旅途上，不斷與異文化碰觸，格外珍惜這些先人傳下來的文化基因，尤其在日本旅行，時時有「保存唐文化並發揚光大」的驚嘆，這些融入現代生活的文化美學，在塑造日本的現代風貌中，扮演重要角色。

台灣有什麼呢？除了故宮，我們有繁體字，四大文明唯一保存至今的文字，在東亞其他地方走向不同道路後，剩下台灣、香港和澳門，還在用繁體字，筆名老貓的陳穎青，在他一篇引起廣泛迴響的文章中說：

「繁體字是唯一一條串起中國古典與現代世界的文化通道，而台灣則是這個通道最實至名歸的守護者。」（書籍9）

中華文化的傳布過程中，漢字一直是重要媒介，文言文曾經是東亞知識分子筆談的共同語言，使節筆談的書法作爲正式外交文件保存，亞洲各地發展出瑰麗獨特的書法藝術，現在，由於歷史的選擇，這筆珍貴遺產由我們繼承，繁體字不只是中華文化的載體，也是日常生活的語言及書寫工具，未來，將在亞洲史上留下什麼樣的故事，就看我們對繁體字有多少創造性思考了，這是一個很小又很大的問題——虔敬地用繁體字寫下這個問題，邀請「你」來加入思考。

最後一站是品嚐梅枝餅，在四十多間小舖中，挑了一個有日本庭園的茶房，避

開初秋的冷風，咬一口外皮酥脆內含飽滿紅豆的梅枝餅，聊聊天，喝一口茶，吃一顆醃梅，最後捧著類似酒釀的熱甘酒暖胃，酸酸甜甜的，帶著幸福的滋味，踏上回程……

這是從福岡出發的，太宰府一日遊。

三・

「你們不懂韓語，要比手劃腳嗎？」「有韓國朋友嗎？」「到了釜山要住哪裡？」張姐的朋友，日本人妻們驚疑不定地詢問，對於一輩子住在福岡的日本人來說，五個小時航程的釜山，似乎是遙遠異域。

「現在因爲韓劇流行，日本人才改變對韓國人的印象，以前，韓國留學生在福岡連租房子都有困難呢。」張姐見怪不怪地說。

說實話，對韓國也很陌生，不會說韓語，不愛吃韓國泡菜，問遍全世界的朋友，竟然沒有一個人有韓國朋友提供行程建議，這是很少發生的情況，好不容易瑞士的Regula熱情介紹一個她上個月隆重接待過的韓國車友，透過郵件聯絡，對方卻很冷淡，臨上船，韓國地圖對我們來說，還是一片空白，已做好心理準備，不順利的話，到了釜山，騎協力車直衝首爾，趕緊搭船離開。

在福岡隔著對馬海峽看日韓關係，發現鴻溝不是一天造成的。

「日本對朝鮮的優越感，基本上始於八世紀前後。此種意識持續至十八世紀末，因海防問題演變成主張侵略朝鮮，甚至在十九世紀末付諸行動。其間雖也有如江戶時代上下民衆熱衷朝鮮文化的盛況，但十九世紀以前，朝鮮是日本朝貢國的觀念，及蔑視朝鮮的心理，則始終支配著日本人的意識。」台灣學者羅麗馨研究歷代日本人的朝鮮觀後做出以上結論。

↑山茶花號。

在《古事記》和《日本書紀》中有神功皇后征服三韓的記載，因此，日本人視朝鮮爲藩屬國，到了中世，日本發展出「日本式華夷觀」，自認爲日本是「華」，其他國家爲「夷」，距離皇都越遠的地方，就是「穢地」，穢地居民等於是日本賤民，因此產生鄙視朝鮮人的觀念，更因爲高麗曾經協助蒙古入侵日本，於是日本人把朝鮮人描寫成「鬼」和「犬」，發洩怨氣，我們在舊唐津古道上，發現了「元寇防壘」

石碑，那是十三世紀抵抗蒙古入侵的防護設施，保存至今。（論文集5）

「華夷觀」是中華文化重要的觀念，在春秋戰國時代形成的，認爲華夏民族擁有進步文明，四周的夷族野蠻落後，因此，尊崇儒家學說的統治者透過宗藩體制的朝貢關係，進行文化傳布和特許貿易，維持封建皇朝與鄰國的秩序，這是維持和平的法則，沒想到「華夷觀」傳到日本群島，卻變成「日本至上的觀念」，鄙視鄰國，輕啓戰爭，後來在明治維新全盤接受西方的殖民主義後，更妄想在亞洲建立日本帝國，強奪琉球、台灣、朝鮮，引發十五年戰爭，造成自己及鄰國的傷害。

回過頭來看清朝的「華夷觀」，在清朝盛世，康熙和雍正因爲接觸傳教士了解西方文明，對西方以「洋」取代了「夷」，乾隆以後的皇帝無知守舊，又全面以「夷」取代「洋」，閉關自守，國力日衰，當船堅砲利的列強入侵，逐漸失去原有藩屬國，本身淪爲半殖民地，「華夷觀」一變爲崇洋媚外的自卑心理，中華文化遭受巨大創傷。

在琉球王國的首里城，舉國上下爲中國冊封使舉辦中秋之宴的外交盛況，早已是往日雲煙。

私心以爲，在二十一世紀，中華文化傳統的「華夷觀」必須超越原有侷限，避免落入自大或是自卑的陷阱，以自信精神與異文化互相尊重，平等對話，在全球化時代，各國之間息息相關，這是新的和平法則吧。

叨擾了三日，在送給王教授和張姐的明信片上寫下：

←從博多港登上山茶花號後，輪船緩緩駛離，群山環繞的港口城市，逐漸消失在海平面。

「旅行者歷來是中國文人的另一個身分，長居異域的學者等於是中國文化的窗口，這次在舊唐津古道的王府畫下句點，很難表達內心的喜悅，一路來的種種疑問，得到了領悟，希望以拙筆能與更多人分享。」

離開那一天，在張姐偏愛的住家咖啡館吃完精心安排的早餐，告別張姐及她的日本朋友，騎到博多港，登上山茶花號後，在甲板看輪船緩緩駛離，認出西區的摩天輪，那是黃昏散步的堤防，群山環繞的港口城市，愈來愈小，消失在海平面。

一上船，就已進入了韓國，韓國文字、語言、料理，都像泡菜一樣刺激，進入陌生國度的緊張感又出現了，像東非大草原的草食動物一樣維持警戒，尋找生存之道，不料，下船後，推著協力車走進入境大廳，馬上引起大轟動……欲知後事，請見下回分解。

參考文獻

【書　籍】

1. 司馬遼太郎《宛如飛翔》，一九九六年三月遠流出版社。
2. 家永三郎《太平洋戰爭》、《戰爭責任》，二〇〇六年十一月台灣商務印書館。
3. 白岩松《岩松看日本》，二〇〇七年九月華藝出版社。
4. 家永三郎《家永三郎自傳》，二〇〇〇年五月商務印書館（香港）。
5. 余杰先生《鐵與犁：百年中日關係沉思錄》，二〇〇四年六月長江文藝出版社。
6. 張承志《敬重與惜別：致日本》，二〇〇九年一月一日中國友誼出版公司。
7. 大江健三郎《廣島・沖繩札記》，二〇〇二年六月河北教育出版社。
8. 島田洋七著、譯者陳寶蓮《佐賀的超級阿嬤》，二〇〇六年二月一日先覺出版社。
9. 陳穎青《老貓學出版：編輯的技藝&二十年出版經驗完全彙整》，二〇〇七年十二月時報出版。

【論文集】

1. 傅琪貽《靖國神社與台灣高砂義勇隊》、《海峽兩岸臺灣史學術研討會論文集》，二〇〇四年八月。
2. 徐興慶《德川幕末知識人吸收西洋文明的思想、變遷》、《台大歷史學報》四十期，二〇〇七年十二月。
3. 趙德宇《西學與蘭學差異論析》、《變動期的東亞社會與文化》，二〇〇二年八月。
4. 羅冬陽《論明清西學缺乏蘭學階段的原因》、《東北師大學報：哲學社會科學版》，二〇〇五年一期。
5. 羅麗馨《十九世紀以前日本人的朝鮮觀》、《近代東亞思維的互動與變遷》，臺灣大學「東亞經典與文化」研究叢書二〇〇九（出版中）。

【論　述】

1. 黃恩宇《「我」與「他者」的空間》、《TA台灣建築報導雜誌》，二〇〇六年八月。

後記

Vicky&Pinky

協力車裝備和實務篇

這次選擇騎協力車搭船環中國海旅行，可以說是跌破大家眼鏡，第一，無論是日韓或是中國大陸，都是台灣人觀光出差的熱門地點，景點耳熟能詳，值得耗費大半年的時間旅行嗎？第二，不搭飛機改搭船？除了麗晶郵輪式的海上豪華假期，搭船旅行離一般人已經很遙遠了。第三，抱著實驗心態，首度嘗試騎協力車，兩輪四腳，不知道和以前的單車旅行有什麼不同？

說實話，在單車環球之後，過度勞累，讓我患上「單車旅行恐懼症」，休閒健身沒問題，但是不想再拖著沉重行李長途跋涉，電影「侏儸紀公園」的名言是「生命自己會找到出口」，遠離單車旅行，卻深刻了解健康重要性，這幾年持續練氣功、太極、瑜伽，每天至少花一、二個小時運動，現在，連自己都感覺到身心在最佳狀態，體力比當初環球前還要好，信心滿滿。

出發前，一連串新的問題浮現，此時，看到《新聞週刊》（*Newsweek*）封面報導的標題是"Slow is Beautiful"，一句話，就像一顆流星，照亮了漆黑的天空。

報導中提到：「慢遊（Slow Travel）是一種新的旅行方式，就像慢食運動鼓勵人去品味料理及他們烹調的方式，慢遊提倡的是一種更具思考的旅行，它指的不只是以休閒及對環境友善的方式行進：搭火車、搭船、騎單車或走路，也強調旅行的本質：小範圍，遠離熱門景點，跋涉在默默無聞的鄉間，而不是去景點湊熱鬧。」

回想二十年前，第一次健行、騎單車旅行，就迷上了慢遊，旅行的速度越慢，看到的東西越多，有充裕的時間欣賞天邊的彩虹，等待一朵花開，開始一段故事，然而這一路走來，始終是個人偏愛。近幾年，驚喜地發現，慢遊已經受到大眾喜愛，變成一種時尚了。

多年旅途中，遇到形形色色的單車騎士，有人熱愛單車，專注在發揮單車性能；有人想要創紀錄，一心一意趕路；有人爲了宣揚理想而騎，逢人就傳達信念；有人想要浪跡天涯，餐風露宿不以爲苦；同樣是騎單車，不同的理由，塑造截然不同的旅行面貌。

反觀自身，什麼是存青和心靜旅行的重點呢？

「對慢遊者而言，出走不再是經過那些地方，而是打入當地人的生活，和在地人互動，旅行的過程成爲一篇篇故事，旅人則是那個可以和我們分享故事的人……」報導中提到慢遊者的旅行重點是「人」，和我們剛好不謀而合。

其實，旅行久了就知道，觀光景點大都名不副實，觀光飯店差異不大，美麗的風景看多了就不稀奇了，唯有「人」是我們津津樂道的回憶，這些年來，盡心盡力接待了很多旅途中偶遇的朋友，一期一會，自然延伸成一生的緣分。

年輕時的旅行，總是衝向離家最遠的地方，這一次，想要探索以家爲中心的東亞，環中國海一周就像是個同心圓。

在《亞洲去魔化》一書中，研究全球化理論的作者提出：「如果十九世紀是歐洲的世紀，那二十世紀應該可以稱爲北美洲的世紀，二十一世紀則可能是中國的世紀。」東亞屬於「儒家文化圈」，自古交流頻繁，各有發展軌跡，歷史糾葛不斷，看來相近又相異的文化，相似又陌生的亞洲臉孔，不知道旅途中會遇到那些「人」，發生什麼「故事」？

出發前，很少做夢的存青，做了一個飛行器的夢，她興奮地描述：

「夢中有一位好朋友造了一艘像航空母艦的飛船，還發明了一種背在身上的飛行器，他熱心邀請我們一起上飛船，甲板上有一群人，大家興高采烈地慫恿我帶心靜一起試飛，穿上了像背包一樣的飛行器，朋友說上面的按鈕一開，就可以隨心所欲飛行，她興奮地搭著我的肩膀，衝下了飛船，在高空快速滑落，在她的尖叫聲中，我試著調整飛行速度。

接著發現了一座古城，從上空往下看，街道上的人們各自忙碌著，不知爲什麼，我拚命找美味小吃，一間飛過一間，好不容易發現一間擠滿人的餐廳，一到門口，看到一群澳洲原住民正在表演傳統的樂器迪吉里杜管（Didgeridoo），我說這間一定是給觀光客吃的，我想找當地人愛吃的餐廳。

於是，我打開飛行器，繼續找食物，沒多久，感覺越飛越沒力，原來飛行器快沒電了，停下來檢查，發現它也可以裝電池使用，心想：『早知道應該準備幾顆電池備用。』打開口袋，發現好朋友已經在裡面裝了未拆封的電池，兩人一起大叫：『他眞是細心啊！』夢著夢著，忽然覺得肩膀好酸，就累醒了。」

「好奇怪，爲什麼夢裡不是一個人戴一個飛行器，那樣搭著肩膀飛行，好累喔！」

「哈，妳一定是想旅行想瘋了。那個飛行器就是鄭廠長幫妳做的協力車，這次騎協力車，比以前騎單車更辛苦，所以妳很愧疚，想找好吃的東西補償我。」

「那麼未拆封的電池代表甚麼呢？嗯，那一定是好朋友們的愛心，他們常會擔心我們旅費不夠，總會準備紅包祝福我們，希望我們帶回一路的驚喜和他們分享，他們不必那麼辛苦地旅行，也可以像看電影一樣聽我們說故事。」存青也開始解夢了。

兩年前，我們陪日本友人宇都宮夫婦一起騎協力車環島，體會到協力車旅行的樂趣，突發奇想決定騎協力車環中國海旅行，曾經騎協力車環球十年的宇都宮一成

De Leijen
Sondelerdyk
Zulderzee
route
VAUDE
VAUDE

說：「協力車旅行通常是一男一女，或是二男，我在世界各地旅行這麼久，從來沒看過兩個女生騎協力車作長途旅行，主要是因為前座把手沉重，騎士手臂要很有力氣，才能掌控。另外，兩人默契也很重要。我覺得以妳們多年經驗，應該沒問題。」

存青的手力夠、反應快，自然擔任前座重任，但是她的個子小，整整比我矮了十公分，這在協力車設計時產生很大問題，例如後座把手必須固定在前座座墊下方，存青的坐墊太低，幾乎沒有空間，這讓穗高公司鄭廠長和設計師小蔡煞費苦心，花了很多心力才解決，量身打造出一台專屬協力車。另外，為了協力車下坡車速過快的安全考量，在前後油壓煞車之外，特別加上了後座的補強蝶煞。

騎協力車旅行另一個挑戰是行李空間的限制，以前騎單車兩人各有前後四個車袋可用，但是，這次騎協力車，兩人只能共有四個車袋，外加後行李架上的空間，所有行李都要縮減，力求輕薄短小。存青的裝備原則是越簡單越沒有負擔，但在東北亞過冬，需要帶保暖外套、衣服、雪褲等，為了節省住宿預算，還要帶帳篷、睡袋、睡墊，只能盡量減少個人用品，分配如下：一人一個前側袋放衣物，後面的側袋放公用物品，例如帳篷、睡袋、睡墊、修車工具和更換零件、筆記型電腦、盥洗用具、地圖資料等。

存青的車前袋放相機、DV、護照、錢包和地圖，在我的特別要求下，在後座把手上裝了一個迷你車前袋，雖然放小相機、筆記本、防曬油和筆就滿了，我卻很珍惜這個「名牌包」，這是我在極簡的協力車旅行中，僅有的私人用品。

上路後，發現我們的協力車就像存青夢中的飛行器，非常引人注目，有很多和當地人互動的故事，在天津上路的第一天，走京杭大運河，路邊一個少年看到我們騎協力車飛馳而過，用類似相聲的天津腔大喊：「姐姐！怎麼不多載我一個？」害我笑到差點跌下車，幸好沒發生意外。

至於汽化爐等炊具，在亞洲，任何時間地點都有人想要賣東西給你吃，不需隨身攜帶，不過，露營用的小鍋子及個人餐具很實用，而慈濟的伸縮環保筷，按一下就出現的時尚造型，讓人大開眼界，既方便又可以推廣環保。

考慮到旅行時間長，橫跨最熱的夏天到最冷的冬天，主要以輕便保暖的戶外衣物爲主，這些在戶外用品店都可以找到，以三明治穿法爲主，裡面是排汗衣或是單車衣褲，中間是保暖衣，外面再加上Gore-Tex外套及長褲，就可以抵禦低至零度的華北寒風了。這次特別嘗試了單車袖套和頭巾，在陽光猛烈的沖繩，具有良好防曬效果，而Gore-Tex外套及長褲，則在保暖及避雨發揮了很大功用，一件抵三件。

住宿方面，因為日本消費高，打算以露營為主節省經費，不過，我們常有機會被邀到當地人家中過夜，結識了很多日本朋友；在韓國，入秋後天氣嚴寒，而且不容易找到露營地點，改到便宜的民宿或是汽車旅館住宿，意外發現在儒教嚴謹的韓國，大城小鎮遍布具有「愛情旅館」性質的汽車旅館，服務人員還會貼心地用布把投宿的車牌遮住，避免行蹤外露，一般人出入偷偷摸摸，我們則是大剌剌地在櫃台隱密的窗口前討價還價，別有樂趣；進入中國大陸，則是以賓館和招待所為主，抵達山東曲阜前一晚，住在餐館樓上的房間，一個人只要八元人民幣，雖然房間簡陋，棉被上卻有大媽親手做的繡花和保暖電毯，晚上坐在餐館暖和的炕上吃麵條，令人難忘。

至於交通方面，環中國海的旅行全程搭船，協力車不必打包，只要推進船艙的汽車停放區，找到安全位置綁緊固定就好了，或者交由船務人員搬進貨艙。騎車旅行，最大好處是不必擔心油價和交通費上漲。

環中國海航海路線篇

想要完成一趟無飛行（No Fly）的大旅行——這是存青從小的夢想，在她熱愛的探險經典中，長路迢迢的古典旅行，永遠散發著無與倫比的吸引力。

對我而言，在電影「遮蔽的天空」裡，搭郵輪抵達異鄉——北非咖啡館，黃沙滾滾的沙漠，回教土牆的旅店，伴著陌生樂器的吟哦聲，沒有盡頭的地平線，時間彷彿停駐了，那是嚮往已久的浪漫旅行。

回想在歐洲一年的單車旅行，不論是環繞波羅的海一周，或是走訪地中海國家，搭船，常是旅行中最悠閒的時光，首先，不必打包單車，只要推進停車的船艙即可，輕鬆自在。其次，沿途經過的海上風光，往往比特地搭船出遊還要精彩，船票也不貴。印象最深刻的是從丹麥哥本哈根搭船到挪威奧斯陸的峽灣景色，在郵輪上欣賞山崖蜿蜒入海，海霧瀰漫，大片水光盡情揮灑，讚嘆緊貼懸崖的公路彎彎曲曲彷彿一幅畫——那是後來從挪威到瑞典騎得很辛苦的峽灣公路。第三，船上設施應有盡有，從瑞典斯德哥爾摩到挪威卡庫的郵輪上有賭場、夜總會，還有三溫暖，在船上泡SPA出來，全身舒暢，看到海上升明月景象，夢幻迷離，永生難忘。

不過，歐洲已經整合成歐盟，各國遊客往來頻繁，海關檢查只是例行公事，搭船已是家常便飯，不知道東亞搭船的情況如何？

↑韓國釜山港海關。

「環中國海的路線有船嗎？」聽到行程的朋友都發出疑問，其實，從基隆到琉球有定期的客貨輪——飛龍號，其它路線包括日本福岡到韓國釜山，韓國仁山到中國天津也都有船班，比較麻煩的是最後一段，從廈門到金門，只有開放小三通，也就是說，有金馬證的台胞才能搭船往返，如果可以走小三通，就能實現協力車環中國海無飛行的計畫了。

最後一個星期，在出發前的忙亂中，忽然接到一通電話，久未碰面的好友韋鏻忽然打電話來關心旅程，存青順口問他：「最近在忙什麼？」「我搬來金門工作。」「金門？」「公司派我到金門負責業務。」眞是踏破鐵鞋無覓處，申請金馬證資格限定大陸沿海台商或是金馬居民，也許他可以解決難題。韋鏻聽了二話不說，要我們把戶籍遷到他家，半年後他幫我們申請金馬證，就可以直接「小三通」了，等我們抵達廈門，他要帶著「金馬證」到廈門迎接，搭船四十分鐘，就可直達金門了。

在他積極奔走下，三天內，我們就變成了「金門人」，看著身分證上新的地址，眞不敢相信，協力車環中國海最後一段橫越「海峽兩岸」的問題輕易解決了。

整個環中國海的旅程搭了各式各樣的船，隔年四月，在韋鏻熱心幫忙下，存青

↑從福岡往釜山的船上。

拿金馬證，眞的透過小三通，輕易地從廈門搭快艇到金門，此時，卻遇到一個原先沒想到的難題——從金門到台灣沒有客輪，眼看無飛行環中國海的夢想，就要功虧一簣。一路擔任後援的妹妹Cathy在網路上查到，適逢清明節連續假期，金門縣政府服務鄉親，特地實施清明節返鄉包船。

因此，二〇〇七年四月六號下午兩點，存青從金門出發，晚上十點抵達台中港，順利完成了無飛行環中國海的旅行，這不只是事前規劃和過程的努力，最後的臨門一腳，還眞是天外飛來的好運。

至於我，當時留在杭州，醞釀多年的靈感水到渠成，決心動筆寫第一本小說，不過，那又是另外一個很長的故事了，旅行的終點，永遠是在旅人心中，而不是地圖上的某一點。

亞洲慢慢來：日本沖繩&九州

2009年9月初版
定價：新臺幣380元

作　　者　江心靜
攝　　影　林存青
發 行 人　林載爵

出版者　聯經出版事業股份有限公司
地址　台北市忠孝東路四段555號
編輯部地址　台北市忠孝東路四段561號4樓
叢書主編電話　(02)27634300轉5048
總經銷　聯合發行股份有限公司
發行所：台北縣新店市寶橋路235巷6弄6號2樓
電話：(02)29178022
台北忠孝門市：台北市忠孝東路四段561號1樓
電話：(02)27683708
台北新生門市：台北市新生南路三段94號
電話：(02)23620308
台中分公司：台中市健行路321號
暨門市電話：(04)22371234ext.5
高雄辦事處：高雄市成功一路363號2樓
電話：(07)2211234ext.5
郵政劃撥帳戶第0100559-3號
郵撥電話：27683708
印刷者　文鴻彩色製版印刷有限公司

叢書主編　林芳瑜
編　　輯　葉仲芸
特約編輯　藍色空間
美術設計　劉亭麟

行政院新聞局出版事業登記證局版臺業字第0130號

本書如有缺頁，破損，倒裝請寄回聯經忠孝門市更換。
ISBN 978-957-08-3452-9（平裝）
聯經網址：www.linkingbooks.com.tw
電子信箱：linking@udngroup.com

國家圖書館出版品預行編目資料

亞洲慢慢來：日本沖繩&九州/作者江心靜．
攝影林存青初版．臺北市：聯經，2009年9月
（民98）．288面．16.5×21.5公分．

ISBN 978-957-08-3452-9（平裝）

1.遊記 2.日本沖繩縣 3.日本九州

731.788769 98014990

聯經出版事業公司

信用卡訂購單

信　用　卡　號：□VISA CARD □MASTER CARD □聯合信用卡

訂 購 人 姓 名：________________

訂　購　日　期:________年________月________日　(卡片後三碼)

信　用　卡　號：________ ________ ________ ________ ________

信 用 卡 簽 名：________________(與信用卡上簽名同)

信用卡有效期限：________年________月

聯　絡　電　話：日(O)：________夜(H)：________

聯　絡　地　址：□□□________________

____

訂　購　金　額：新台幣________________元整

（訂購金額 **500** 元以下,請加付掛號郵資 **50** 元）

資　訊　來　源：□網路　□報紙　□電台　□DM　□朋友介紹

□其他________________

發　　　　票：□二聯式　□三聯式

發　票　抬　頭：________________

統　一　編　號：________________

※ 如收件人或收件地址不同時，請填：

收 件 人 姓 名：________________ □先生　□小姐

收 件 人 地 址：________________

收 件 人 電 話：日(O)________　夜(H)________

※茲訂購下列書種,帳款由本人信用卡帳戶支付

書　名	數量	單價	合　計
		總　計	

訂購辦法填妥後

1. 直接傳真 FAX(02)27493734
2. 寄台北市忠孝東路四段 561 號 1 樓
3. 本人親筆簽名並附上卡片後三碼(95 年 8 月 1 日正式實施)

電 話：(02)27683708

聯絡人:王淑蕙小姐(約需 7 個工作天)

Lonely Planet的故事

托尼·惠勒
致中文版讀者

1972年我離開倫敦，準備花一年的時間周遊世界……

1972年我離開倫敦，準備花一年的時間周遊世界。那一年，我剛25歲，而我的妻子莫琳只有22歲。我們沒什麼錢，也根本沒有想到這是一次多麼漫長的旅程，遠遠超過當初預計的一年。事實上30多年後，我們依然在路上。

就在這條沒有盡頭的旅途中

我們創建了Lonely Planet，今天它已經發展成為世界上最大的一家旅行指南出版公司。這一路我們曾經歷了太多的風風雨雨，起起落落。六個月後當我們穿越歐亞兩洲到達澳大利亞雪梨時，我們的全部家當只剩下了27澳分。但不管怎樣，在這條路上我們度過了真正幸福的時光。

一次又一次，我們認識到旅行不僅是世界上最大的產業，同時還可以讓一個國家的人民去認識另一個國家的人民。一次又一次，我們發現素不相識的陌生人對於在路上的旅人會表現出難以置信的友善和樂於助人。

我們也發現自助旅行是旅行的最佳方式，這時，你不再是一個旅遊團中面目模糊、毫無個性的一位，你是一個獨立的個體，你所有的交流和所有友誼，都將是由你——一個獨立的人，去和另一個人直接發生聯繫。

此外，旅行比你想像的要容易。我只會說一點點中文，然而我卻遊遍了中國，一點障礙都沒有。在汽車站，會有人賣給我車票；在餐館，會有人把飯菜擺在我面前；在旅館，會有人幫我找房間。當你在中國境外旅遊時，你會發現我所遇到過的這些事情同樣會發生在你的身上。（本文摘自Lonely Planet正體中文版旅行指南〈托尼．惠勒致中文版讀者〉）

這個世是如此廣闊，如此美麗。來吧，來感受它吧。

Lonely Planet出版公司共同創始人 托尼·惠勒（Tony Wheeler）

Lonely Planet | 就是我們的生活

Vicky林存青 & Pinky江心靜

單車旅行作家

1999年在紐西蘭北島，遇到同好推薦，Lonely Planet系列便成了我們單車環球的PDA。
2003年在澳洲墨爾本，Vicky拜訪創辦人托尼．惠勒，托尼興奮地說：
「我最喜歡書被翻過很多次，封面舊舊的，表示它跟著旅行了很久。」
漫長旅程中，幸好——有Lonely Planet一路相伴。